学習指導の「足並みバイアス」を乗り越える

フォレスタネット 企画・編集

渡辺 道治 著

学事出版

はじめに

　毎日、片道4kmほどの道のりを歩いて通勤しています。

　荷物は小さなショルダーバッグが一つ、かかる時間は40分ほど。

　知人からは、

「なぜ車を使わないんですか？」「時間がもったいないでしょう。」

なんていわれることも少なくありません。しかし、私にとってはこの40分間は、自分の心の状態を整える上で極めて大切な時間です。

　季節の移ろいを感じたり、鳥や草花を何気なく観察したり、吹き抜ける風の心地よさに癒されたり、今日も元気に働けることに感謝の気持ちが湧いたり…。いわば「心のチューニング」ともいえる時間です。この朝夕の豊かな時間があることで、心を良い状態に保つことができ、日々勇んで仕事に取り組むことができると感じています。

　しかし、こうした豊かな時間は、多くの教師にとってはなかなか保証されていない現状があります。先日、私が運営している教育オンラインサロンにおいて2年目の若手の先生から次の投稿がありました。

> 　自分に降りかかっている仕事の多さにパニックになっているんです。
> 　頭では一つずつ丁寧にやったら乗り越えられるってわかっているんですが、心が追いつかないです…。

　この先生は、「今の環境がとても幸せ」と仕事への喜びを十分に感じておられた先生です。しかし、その仕事のやりがいだけではカバーしきれない仕事の多さに「心が辛い」とも書き込まれるようになりました。

　教育現場の超多忙・業務過多が叫ばれて久しいです。

　私も10年以上この世界に身を置いてそのひっ迫した状況を痛いほど感じています。日本全国、多くの先生方が同じ思いでいることでしょう。

　持続不可能な程の仕事を両手両脇にパンパンに抱え、身動きを取ること

すら難しくなっている現状があるにもかかわらず、今なおその量は増え続けようとしています。

　私は、この状況を何とかしたいと思い、現場で提案をし続けてきました。その中で、不思議に思う場面に幾度も遭遇しました。

　身動きが取れないほどの荷があるなら、下ろせばいいし減らせばいいのに、それにブレーキをかけるような動きが相当数見られるのです。

　「まだ念のため持っておきましょ」「下ろしていいかわからないし…」「このくらいは残しておきませんか」というような議論が進むことも少なくありません。

　下ろしたいのに下ろせない。減らしたいのに減らせない。

　このジレンマの原因は一体何なのでしょうか。

　制度や仕組み上の問題も、もちろんあります。

　しかし、それよりも大きな課題は、学校現場に渦巻く「こうでなければならない」という"思考の在り方"であると私は考えています。

　自分たちの意志や学校の裁量で減らせる荷物は実はたくさんあるにもかかわらず、自ら「現状維持」や「荷物増」を選択するケースが見られるからです。

　制度的な縛りよりも思考的な縛りの方が、人々の行動をより強く制限するものであることは、この15年間の教職生活で確信へと変わりました。

　そして、その思考の縛りを、私は本書のタイトルにもある「足並みバイアス」と名付け、どのように乗り越えていけばよいのかを考えてきました。

　そんな教育現場に、今、一つの転機が訪れています。

　世界中を揺るがした"コロナ禍"によって、学校現場は強制的に荷物を下ろさざるを得ない状況に追い込まれたのです。

　多くの痛みとショックを伴う事態でしたが、その中で新たに見えてきたこともありました。

　以下は、昨年度の卒業式の一週間前に私が発行した学級通信からの抜粋です。（2019年度学級通信「花は咲く」第989号 3月17日発行より抜粋）

先生方とは、たくさんの話し合いをしました。

　来賓は来られない。在校生もいない。

　お家の方にも入っていただけない。歌も呼びかけもできない。

　ないない尽くしの卒業式を準備する中で、先生方ととことん突き詰めて話したのは、「卒業式において絶対に欠かせないものは何か」ということです。

　開催すら危ぶまれる中、それでも何とかという思いで行われる卒業式。

　多くの要素が削られていく中で、絶対に欠くことができないものとは、一体何か。先生方全員と確認したのは、次のことでした。

> 卒業証書を、一人一人に手渡すこと

　他のどんな要素が削られたとしても、これだけは何とかして残そう。

　子どもたちに、卒業の証をきちんと渡し、心を込めて見送ろう。

　それこそが、卒業式なのだから。

　先生方全員の意見が、そのように一致しました。

　入念な準備が出来ずとも。

　例年のような盛大な拍手が無くとも。

　思いを乗せた歌や呼びかけが出来なくとも。

　みんなが6年間、小学校での学びを立派に修めた事実は、決して揺るぎません。

　その事実の証こそが、卒業証書です。

　その証を手にして、次なるステージへと一歩踏み出すのが、卒業式です。

　たくさんのことが出来なくなったことは確かに残念でした。

　でも、こうした状況だからこそ、卒業式にとって本当に大切なものとは何かということを、先生方は真剣に突き詰めて考えることができたのです。

その先生方で行った会議の途中。

式中の「拍手」について、こんな話になった場面がありました。

「在校生や保護者の方が式に参加できないから、拍手が少なくなってしまうね…」「仕方ないことだけど、寂しく感じる卒業生もいるだろうね…」

その時、ある先生が、次のようにおっしゃったのです。

「大丈夫。私たちがその分、思い切り手を叩いて一人一人に盛大な拍手を送ってあげるから」

何気ない一言でした。

でも、私は思わず目頭が熱くなりました。そんなふうに卒業生のことを想ってくれている先生方の気持ちが、たまらなく嬉しかったのです。

同時に、ハッとしました。

式の内容や全体の見栄えを立派なものにすることよりも、我々にとって最も大切なのは、この「送る気持ち」だったと気づかされたのです。

3月23日。私はこの子たちを見送りました。

自分にとっては6回目の卒業生でした。

綿密な練習はしておらず、ほぼぶっつけ本番の卒業式。歌も呼びかけもなし。最後のホームルームも私と子どもたちだけでした。

しかし、教室には大粒の涙を流す子どもたちの姿がありました。

私もまた涙々で子どもたちを見送りました。

卒業式に関して「こうでなければならない」と思っていた荷のほとんどを下ろしても、これだけ感動的で素晴らしい式になったという事実は、私の中の価値観をさらに大きく揺さぶりました。この一連の出来事こそが、本書を書くにあたっての大きな原動力となりました。

今回のコロナショックにより、学校現場にはより一層の効率化や内容の

圧縮が求められています。それは、学習指導然り、生活指導然り、行事指導然り、教師の業務全般然りです。

　今までと同じ量の荷を持つことはできません。本当に大切なものは何かと突き詰めて考え、厳選し、勇気と覚悟を持って新たな一歩を踏み出す時が来ています。

　その際に、最も大きな障壁となるのは、制度でも法律でもなく学校現場の「思考の在り方」なのだと思います。こうでなければならないと思い込まれていることは、現場に山と存在します。しかし、その中には生産性が極めて低かったり、根拠に乏しかったりするものも少なくありません。

　そうした「ねばならない思考」から脱却し、教師と子どもにとって、学校が本当に豊かな学びが実現できる場所になれることを願い、本書を書きました。

　荷を下ろし、新たな学びの「方法」や「価値」を創っていくことは、教師にとっての「仕事のやりがい」を、そして子どもたちにとっての「学ぶ楽しさ」を生んでいくことにつながるだろうと信じてやみません。

　重たかった荷を一つ二つ下ろし、生き生きと働き学べる学校を創っていきたいと願う方を、本書では応援し続けていきたいと思います。

学習指導の「足並みバイアス」を乗り越える
目 次

第1章

「足並みバイアス」の
正体と対策

1 学校の悲鳴？

2020年5月11日。

文部科学省がYouTube ライブ配信で「学校の情報環境整備に関する説明会」を行いました。その中でひときわ印象的なシーンがありました。情報教育担当の方が、学校で行う「オンライン学習」について、語気を強めて次のことを言われた場面です。

「ルールを守ることが目的じゃありません。今は危機的状況ですから、臨機応変に対応することが求められます。それが危機管理です。頭を180度変えていただきたい。現場でやろうとしていることを『一律にできないから』とか『ルールに沿ってないから』といって否定されるという悲鳴が、私の所に数限りなく寄せられています。おかしいです！」

私は、大きく頷きながら画面を見つめていました。

もちろん、学校現場が急におかしくなったわけではなく、緊急時の対応の難しさが突然浮上したわけでもありません。変わることにいちいち強烈なブレーキがかかるという顕在化していた学校の課題

今は前代未聞の非常時・緊急時 なのに危機感ない。

ICT、オンライン学習は学びの保障に大いに役立つ
のに取り組もうとしない。

使えるものは何でも使って、
家庭のパソコン、家族のスマホ
できることから、できる人から、
「一律にやる」必要はない
既存のルールにとらわれず臨機応変に、
「ルールを守ること」は目的ではない
何でも取り組んでみる。
現場の教職員の取り組みをつぶさない

（当日に使用されたスライド）

が、コロナショックによって露呈されたのだと思っています。「ルールに囚われるな」と言われてもルールに固執し、「一律でなくていい」と言われても一律にこだわる。緊急時でも頑として動けない学校現場の"頑なさ"が、現在多くの弊害を生み出しています。その根底にあるものの一つが「揃えねばならない」という頑強な思い込みです。それが、本書で乗り越えることを目指す「足並みバイアス」なのです。

コロナ禍であっても学校を楽しく
―チャンスに変えよう―

　時数が足りない、行事ができない、子ども同士が近寄ることも触ることもできない、夏休みは短縮、土曜授業の実施、毎日の消毒作業。

　ウイルスの拡散を防ぐために、あらゆる教育活動に制限がかけられました。近寄れない、触れない、歌えない、話せない、「ないない尽くし」の教育活動に多くの子どもたちが窮屈さを覚えたはずです。事実、小中高生のうつ症状が大きく増えているとの報道がありました。

　さらに、学校は過去に経験のない決断を何度も迫られることになりました。足りない時数を何とかしようと悪戦苦闘しているにもかかわらず、行事一つ、取り組み一つ減らすことが難しい現実に憤りを覚えた先生方も多かったはずです。

　しかし、私は昨年度からずっと一貫して言い続けてきました。子どもたちにとってかけがえのない一年を、「コロナで窮屈で残念な一年だった」として終えたくはありません。こういう逆境の時こそ、先を歩く大人の本領を発揮すべき時です。困難にただ落胆し下を見るのではなく、発想を転換し取り組みを工夫すれば、この一年を「コロナで色々あったけど、でも素晴らしい一年だった」として終えることも可能なはずです。そうして、勤務する学校でも様々な取り組みを行ってきました。

　学習発表会や運動会などの大型行事は中止となりました。そして、前期の通知表もなくなりました。近隣校では実施するところが多い中、この決断はかなり異例だったはずです。その代わり、創意工夫を生かした取り組みが次々と生まれていきました。

　校内でプラネタリウムを行ったり、屋上でリコーダー演奏をしたり、子どもたちがこれまで体験することのなかった活動が始まりました。

　そして、Zoomを使って一つの授業を校内で同時配信し、一人の先生の授業をおよそ150名がいっぺんに受けられるシステム（サテライト学習と命名）も初めて実施することができました。第一回のサテライト学習を

行った時は、フロアに子どもたちの大きな拍手がわき起こりました。

　さらには、オンラインを活用してスペシャルゲストを全国各地から教室に招くことにも成功しました。

　現状を嘆くのではなく、創意を生かして工夫する熱は子どもたちや保護者にも広がっていきました。「行事が無いなら、自分たちで作ろう」と、星空の観望会、水鉄砲大会、雪像制作イベント、ソリすべり競技などが次々と企画されていきました。中には、校区全体をダイナミックに使ったウォークラリーも開催され、放課後の時間や休日にも多くの笑顔の花が咲きました。

　こうした一連の取り組みや活動を経て、私のクラスの子たちはすでに、「今年はホントついてるよね」「うん、今年最高！」と今までになかった教育文化を楽しみ、喜んでいる姿が見られます。不謹慎かもしれませんが、「コロナで良かった！」なんてセリフも飛び出したほどです。

　さて、こうしたいくつかの事実を紡ぐことができた背景には、表面だけのハウツーや方法論だけでは語ることのできない根深い問題があります。それこそが、本書で最も述べたい中心的な内容です。

　新たな取り組みが生まれるのを阻んだり、勇気を持って行事の中止を決断しようとする動きを阻んだりする大きな原因は、冒頭にも書いた、学校に渦巻く「足並みバイアス」であると考えています。その正体を知らずして、対策をせずして、今後の学校運営は難しいとも思っています。どれほど素晴らしいアイディアやプランであっても、「そんなことは無理だ」と一蹴する「思考の壁」があるとしたら、すべて実現は不可能となるからです。

　学校の「足並みバイアス」の正体とは何か、対策はどうすればよいのか、詳しく見ていきます。

3 学校に渦巻く「足並みバイアス」とは？

　学校には、"お題目"が溢れています。

　お題目とは、実行の伴わない目標のことです。

　例えば、「失敗を恐れず挑戦しよう」というエール。

　例えば、「みんな仲良く」というスローガン。

　例えば、「違いを認め合う」という目標。

　いずれも大変響きの良い言葉です。しかし、そこに「実行」が伴っているのかを考えると、これらの言葉がどれだけ宙に浮いて形式的に使われているかが分かります。学校という"コミュニティ"に集う人々の様子を思い浮かべてみましょう。

　　・先生方や子どもたちは、失敗を恐れず挑戦しているでしょうか。

　　・先生方や子どもたちは、みんな仲良くしているでしょうか。

　　・先生方や子どもたちは、違いを認め合っているでしょうか。

　「言うは易く、行うは難し」。言葉として掲げたり目指したりすることはできても、実際の姿はそうなっていない状況は、多くの学校に見られることなのではないでしょうか。

　中でも、三つ目に挙げた「違いを認め合おう」は近年ひときわ耳にするようになりました。「多様性の尊重」や「ダイバーシティ・マネジメント」など、学校以外においても様々な場面で語られるようになっているこの目標。

　これだけ声高に叫ばれるようになった理由は、逆説的に言えば**「違いを認めない風土が頑として存在する」**からなのだと考えています。

　違いを認め合うどころか、違いを敬遠し、取り除いていくような動きが往々にして見られるからです。

> ・**「保護者に何か言われるといけないから、全てのクラスでやり方を揃えよう」**

- 「特別なことをすると、他のクラスから不満が出るかもしれないからやめておこう」
- 「やり方を変えて何か失敗するといけないから、去年までと同じやり方でいこう」
- 「近くの学校とやり方が違うと質問やクレームが来るかもしれないから、相談して同じやり方にしよう」

　こうした議論は、多くの学校で見られるものです。

　別のやり方を選択しようとして、「違う」というだけで苦い顔をされたり、批判されたりした経験がある方も多いのではないでしょうか。

　そうして、多くの舵は「同じ」方向へと切られていくようになります。

　図に表すと、以下のようになります。

違う  同じ

　「周りと違う」は嫌われます。たいてい「周りと同じ」が選択されます。

　「以前と違う」も嫌われます。たいてい「以前と同じ」が選択されます。

　「同じ」が選択されて、右折を選択するパターンが続くのです。

　これが、日本の学校現場に渦巻く「足並みを揃えようバイアス」です。（本書では以降『足並みバイアス』と表記します）

　いわゆる「認知バイアス」や「感情バイアス」のように広く認知されているものではありませんが、それらと同様に教育現場の行動や思考に誤った偏りを生み出す要因になっているものとして名づけました。

　この「足並みバイアス」が、「宿題は出さなければならない」「板書は構造化して書かねばならない」「授業のはじめと終わりは礼をせねばならない」のような「ねばならない思考」を生み出し、学校現場をさらに硬直化させていると考えています。

4 「足並みバイアス」の害

　「全てに違いを認めよ」や「同じを求めるのは全て悪」という極端な話をしたいのではありません。むしろその逆です。すでに常態化し、多くの人が無意識になるほど当たり前になっている「足並みバイアス」にストップをかけ、バランスをとっていこうというのが本旨です。

　先に書いた理由で、「同じであること」が支持を得やすい土壌が学校現場には存在します。もともと家族主義的で仲間意識が強く、連帯責任を重んじる日本の風土も多いに関係しているでしょう。当たり前のように存在してきたものだからこそ、同じを求めすぎたとしてもその害についてはほとんど議論されることがありません。だからこそ、ここでは明確にそのマイナスについて触れてみます。大きく二つあると考えています。

> ①変化に弱い
> ②学校や学級の「裁量」が無視され、創造の喜びが奪われる

変化に弱い

　まず、何と言っても変化に弱いのです。今回のコロナショックで多くの学校が感じたのではないでしょうか。オンライン教育を導入し始めようとした時、不足した授業時間を補うために行事を削減しようとした時、緊急時で変化に対する迅速な決定が一番求められる時において、強烈な足かせとなったのがこの「足並みバイアス」でした。このことに葛藤したのは、学校現場だけではありません。

無視される裁量　奪われる創意工夫

　大きなマイナスの二つ目は、「裁量」が往々にして無視されることです。裁量とは、学校や担任の責任において、創意工夫が認められている範囲のことです。学校や学級にはそれぞれ「裁量」があります。

しかし「足並みバイアス」は、この裁量の範囲を狭めるばかりか、ことごとく否定する向きに作用してしまいます。本当は、学校や学級独自で行ってよいことは山ほどあるにもかかわらず、揃えることが大前提になっていると、創造の芽はなかなか出てきません。

　そして、「決まったこと」「揃えたこと」をやり続けることは、先生方から仕事のやりがいや喜びも奪ってしまっています。創造性を生かして自分の仕事をデザインしていくことが大きな幸福感につながることは、100年以上も前から指摘されています。

　あらゆる仕事は、人間が真剣にそれに没頭しさえすれば、たちまち興味深くなってくるという性質を持っている。仕事の種類が幸福にするのではなくて、創造と成功の歓喜が幸福にするのである。

（ヒルティ『幸福論』）

　この創造的な喜びこそが、仕事の大きなやりがいであることは疑う余地がありません（頭の中でヒルティさんが「そうだ！」と語気を強めて言っています）。だからこそ、行きすぎた「足並みバイアス」にセーブをかけることは、先生方の仕事のやりがいや創造する喜びを生んでいくことにつながっていくことでしょう。

　本当はあれこれやりたいアイディアが先生方の中にあることを私は様々な場面で耳にします。しかもそれらは実行可能であり、現在のものよりも極めて効果や生産性の高い案であることが少なくありません。

　しかし、「足並みを揃える」という「葵の御門」、「錦の御旗」の前にはそれらはたちまち輝きを失います。将軍にひれ伏す平民のように、途端に勢いがなくなるのです。こうして「揃えること」に力を入れ続けると、裁量の範囲はどんどん狭まり、ほとんど無いものと化していきます。結果、創造する喜びはことごとく奪われていきます。

　変化に弱い組織を作り上げ、創造の喜びを奪っていく「足並みバイアス」。

　一体なぜ、ここまで学校現場に浸透してしまったのでしょうか。

5 「足並みバイアス」の正体は○○

　「足並みバイアス」の原因はいくつかあります。

　例えば、リスクが少しでもあるものはやめておこうという「ゼロリスク信仰」がそうです。

　また、減らすことが苦手で、変えることを嫌がる学校組織の風土も影響しています。

　さらに、周りと違うことへの極度なまでの抵抗心も関係しているでしょう。

　これらの原因を一言で言い表すならば、それは「恐れ」なのだと思います。先生方は、常に「恐れ」と戦っています。

　それは、「保護者」への恐れであったり、「地域」への恐れであったり、「失敗」への恐れであったり、「正しさ」への恐れであったり、「新しさ」への恐れであったり、様々です。

　そして、恐れと戦いながら、懸命に「何か」を守っています。それは、厳しい環境に耐えながらも必死に大切なもの（信念や矜持という名の旗）を守り続けた勇者のようでもあります。

　山ほどの荷物を抱え、自分の痛みや苦しみに目をつぶりながらも守ってきた旗は、きっと「自分のため」では抜けないのではないかと思います。

　でも、「誰かのため」「子どもたちのため」なら、きっと勇気を持って引き抜けるのではないでしょうか。

　これまで懸命に守ってきた考えや価値観は、決して意味のないものではありません。しかし、頑なにそれを踏襲することによって、変化に対応しにくい状況が生まれたり、荷物が減ることなく増え続けたり、先生方の仕事のやりがいが奪われるとしているならば、未来ある子どもたちのためにも、我々は勇気を持って新たな一歩を踏み出す必要があると思うのです。

　現代は、変化の激しい時代です。

　10年前。初代の iPhone が売られ始めていた頃は、町中の人がスマホ片

手に歩きながら、当たり前のように使いこなしている社会は想像できませんでした。当時はまだ一部の人だけが使い始めた先端アイテムという認識でした。例を挙げればきりはありませんが、モノのインターネット化は人々の生活をどんどん変え、AIの台頭も目を見張るばかりです。

そして、物質的価値を重んじていた社会の価値観も、大きく変わってきています。大量生産、大量消費を標榜していた頃は、まだまだ日本に物が足りていない時代でした。さらに物質的に豊かになれる余地があり、そこへめがけて皆が一様に努力していた時代です。市場ニーズの変化速度も緩やかで、経営マニュアルなども一定の効果を発揮していました。同じ価値観で一定の能力を兼ね備えた人材こそが求められたのも頷けます。

しかし、現代はすでに物が社会全体にほぼ行き渡りました。食べ放題、飲み放題、かけ放題、歌い放題、定額、サブスク…。以前は考えられなかったハイクオリティのモノやサービスが当たり前のように巷に溢れています。そうした中で、人々が物質的な価値観から精神的な価値観を求めるように変わってきていることは自然な現象なのだと思います。

時代が変わり、社会が変わり、価値観が変わり……。

──でも教育は変わらない。

これは、明らかに不自然です。「万物流転」という言葉もあるように世の中のあらゆるものは、変わり続けていきます。変わることが、自然なのです。

10年後、20年後、私たちの予想もつかない社会を生きていく子どもたちの未来を支えるためにも、教育が変わらないで良いわけがありません。時代や社会に合わせ、教育もまた変わっていくべきだと思います。

そのためにも、「足並みバイアス」を脱却する必要があります。

では、どうすれば前述した諸々の恐れを乗り越え、新たな一歩を踏み出せるようになるのでしょうか。

その3ステップを次節で紹介していきます。

「足並みバイアス」の乗り越え方
その1：恐れの正体を見極める

　まず、以下のチェックリストにご自分の生活や勤務校の雰囲気を思い浮かべて回答してみてください（当てはまるものには○を、当てはまらないものには×を記入していきます）。

周りと違うこと（教育実践など）を実施するのは気が引ける。	
良いアイディアが思いついても、周りと揃えることを優先してやらないことがある。	
指導の仕方や内容について保護者が何か言ってこないかと不安を覚えることがある。	
新しいことを試すより「今まで通り」を選択する方が楽だと思う。	
「揃えること」に慣れている自分がいる。	
自分から率先して動くよりも、周りが動いてから合わせることの方が多い。	
重要な決定事項は、自分で決めるより誰かに決めてほしい。	
全員一律で揃えて行うことは、基本的に良いことだと思う。	
「足並み」について注意を受け、窮屈な思いをしたことがある。	
このチェックリストをつけている姿を同僚に見られたくない。	

　半分以上○がついた場合は「足並みバイアス」に相当影響を受けている状態であると言えると思います。ほとんど当てはまったという方は、周りと違うことなどほとんど考えられない状況の中で働いているのでしょう。

　○がついた箇所が、仕事の上で「ボトルネック」になっていないか、組織の動きに淀みを作っていないか、ぜひ一度考えてみてください。すると、**ご自身の思考のクセや、職場環境の特徴**などが浮かんでくるのではないかと思います。

　ハーバード大学のリスク解析センターでは、リスクを人々が強く感じるようになってしまう10の要因を発表しています。『ゼロリスク社会』（佐藤健太郎著　2012年）を参考に列挙します。

① 恐怖心（発生確率の高い交通事故より、遭う確率の極めて低い通り魔やストーカーの方に強くリスクを感じる）

② 制御可能性（コントロールできない状況へのリスクは強く感じられる）

③ 自然か人工か（自然界に由来するものより人工物にリスクを強く感じる）

④ 選択可能性（自分で選び取ったものより他人に押し付けられたものの方が強くリスクを感じる）

⑤ 子どもの関与（自分の子どもに関することは、リスクを過大に感じる）

⑥ 新しい（自分の知らない新しい分野には強くリスクを感じる）

⑦ 意識と感心（大きく報道されるものには強くリスクを感じる）

⑧ 自分に起こるか（自分に及ぶ可能性があるものにはリスク認知が急激に高まる）

⑨ リスクと利益のバランス（何らかの利益のあるリスクは低めに感じる）

⑩ 信頼（自分をリスクにさらす相手への信用がなければ、リスクの感じ方は強くなる）

　この10項目を知っているだけでも、仕事のやり方や交渉の仕方は大きく変わってきます。恐れが生じるケースや要因がつかめてくるからです。

　例えば、リスクについてのみ言及するのではなく、プラス面の利益についてもセットで発言するようにすると、リスクへの抵抗感は下がります。そして、自分たちで「選択」するように話し合いが進んでいけば④の観点からも前向きな議論になっていきやすいのは間違いありません。職場で大きな提案を通す際、私はそうしたことを頭に思い浮かべつついつも交渉しています。

　「恐れ」は正体がつかめないと亡霊のごとく不気味さを増します。しかし、その正体が分かれば、恐れは半減するでしょう。チェックリストでどんな時に「足並みバイアス」が発動するのかをチェックし、先の10項目のどれに当てはまるのかを考える習慣をつけていくことをおすすめします。

7 「足並みバイアス」の乗り越え方
その2：目的をはっきりさせる

　恐れの正体を見極めたら、次はそれに立ち向かいましょう。

　恐れに立ち向かう手段として、特に有効なのが「目的の明確化」です。目的がはっきりすれば、迷いがなくなり、怖さも半減するからです。

　一方で、この「目的」という言葉は、大人の間でも定義がしっかりと語られることはありません。「目標」と混同されることも多く、知っているようで結構曖昧に使われているのです。

　では、「目的」と「目標」の違いとは一体何か。

　目指すものという意味では、2つは同じです。目的は、最終的に実現しよう、成し遂げよう、到達しようとして目指すものです。最終ゴールが「目的」です。

　一方目標は、さしあたって実現させたり、成し遂げたり、到達しようと目指すものを言います。目標には「目印」という意味があります。目的を達成するために通過点として設ける目印が「目標」です。

　目的を達成するために、目標を決める。目標を達成するために、手段を決める。三つは、このような関係になっています。

　例えば、学校教育の目的とは何かと問われれば、それは「生きる力を育むこと」と多くの先生が即答するでしょう。間違っても、「教育実践において足並みを揃えること」が目的だと思う人はいないはずです。

　しかし、「手段の目的化」とよく耳にするように、学校では、手段にこだわって目的を見失っている、いわゆる「迷走活動」は結構存在するのではないでしょうか。活動が停滞したり澱んだりしている時は、「目的は何か」と問い直すことが重要です。目的に照らして効果がなければやめればいいし、効果が少なければやり方を変えればいいのです。

「足並みバイアス」の乗り越え方
その3:強調点・留意点を分類する

　繰り返しますが「足並みを揃える」ことは目的でも目標でもなく、手段ですらありません。こうした方がいいのではないか、という留意点の一つです。しかも、学習指導要領のどこにもそんなことは書かれていません。むしろ「地域性を大切に」、「特色ある教育課程を」、と多様な教育活動を推し進める内容はいくつも書かれています。

　ここで改めて念押ししておきます。「足並みバイアス」という思考は、我々が恐れから生み出した亡霊であり幻想です。荷物を持ちすぎて何が大切かすら見えなくなっている現状があるからこそ、一番大切な目的は何かを突き詰めて考える必要があります。

　目的が明確になれば、そこに至る目標や手段は様々あって構わないはずです。なぜなら、我々のいる学校・学級には本来相当の「裁量」が認められているからです。

　昨年度、勤務校において開校当初から20年以上変わらなかった教育目標が改定されました。私は、研究主任という立場で形骸化している教育目標について度々意見を学校に伝えてきたこともあり、改定の英断をしてくださった校長先生には心の底から感謝しています。「えっ、学校の教育目標って変えていいの?」と思った方もいることと思いますが、学習指導要領には、次のようにあります。

　2　学校の教育目標の設定
　小学校の目的や目標は学校教育法に示されており、各学校においては、その達成を目指して教育を行わなければならない。しかし、法律に規定された目的や目標は一般的であり、各学校においては、児童の実態や学校の置かれている各種の条件を分析して検討した上でそれぞれの学校の教育の課題を正しくとらえ、<u>それに応じた具体的な強調点や留意点を明らかにした教育目標を設定する必要がある。</u>

これを読んで分かる通り、学校の教育目標でさえ、強調点や留意点にすぎないのです。「できるだけここを大切に」というのが強調点であり、「できるだけここに気をつけよう」というのが留意点です。

　それらを学校ごとに定めたのが、「学校の教育目標」です。

　強調点も留意点も「できるだけ」という意味合いが含まれているのですから、絶対的に順守しなければならないルールなどではありません。当然変えて構わないし、学校間で足並みを揃える必要もないのです。先の校長先生は、教育目標を変えることを示された際、次のように話されました。

　「20年以上も前に作った教育目標が現代の子どもたちに合わなくなってきているのは明らかだと思います。今の子どもたちが抱える課題や地域性をとらえ、目指すべきゴールは検討されていくことが大切です」

　私は、大きく頷きました。そして、この強調点・留意点である学校の教育目標を受けて、さらなる強調点や留意点を設けたのがクラスや学年の学級目標・学年目標です。ここでも、足並みを揃える必要はありません。学校の教育目標という一つの目印から分岐した、さらなる目印という位置づけなのですから。最終的に目的が共有され、そこに皆が向かっていけばいいのです。ましてや、子どもも違えば教師も違い、地域も環境も違う中で行われるのが学校教育です。

　そもそも、学級間や学校間で「足並みを揃えること」自体が「不自然」であることを我々は認識しておく必要があります。目的や目標は何かと問い直し、強調点や留意点などを明確に分けることで、あれもこれもとたくさん持っていた荷物の「優先度」が分かってくるはずです。

　そして、現在は特に目的以外の荷物はいったん下ろすことが必要です。今は、知恵を絞る時だからです。超多忙で業務過多のところに、コロナによる時短・圧縮が求められるダブルパンチの状況を必死の「パッチ」で乗り越えていく時です。これはできない、あれもできない、とできない理由を探す思考からは、コロナショックの窮状を乗り超えるアイディアなど出ようはずがありません。

9 「足並みバイアス」の乗り越え方
その4：お試し・選択形式を使った提案をする

　頑強な「足並みバイアス」が存在する学校では、新たな動きを作ることや大胆な削減・変更が難しいのもまた事実です。そこで、ここでは具体的な提案や進め方の参考例を示します。おすすめのやり方は、二つあります。

　一つ目は「お試し方式」です。まず「目的」を明確にした上で、「お試し方式」という形で提案するのです。例えば、次のようなものです。

> 　「○○には『～～』という目的があります。しかし、現在のやり方では「時間対効果」が低く、さらに先生方の負担も大きいです。そこで△△というやり方を試したいと思っています。ただし、いきなり全校で行うことに不安を感じる方もいると思いますので、○年生で試験的にチャレンジしてみてもよろしいでしょうか。いったん試して難しければ、他の方法を考えます」

　「試験的」というキラーフレーズがつくだけで、心理的なハードルはぐっと下がります。本格運用ではないのだから、いつだって中止できるというニュアンスを含むからです。

　二つ目が、「選択方式」です。人は他人から強制的に与えられたものには強いリスクを感じるようにできています。その反対に、自分で選んだものについては、リスクが軽減される特徴もあるわけです。通したい提案があるならば、3案ほど選択肢を作り、それを先生方に選んでもらうとよいでしょう。その時、通したい案がB案とするならば、次のようにしておくのがいいです。A案（極端）、B案（中庸）、C案（極端）という提案です。

　恐れを感じやすい組織は「極端」な意見を強く嫌う傾向があるので、これを逆手に取り、中庸案の中に試したい「変化」や「改善」をこっそり滑り込ませておくのがおすすめです。

　こうした方式の活用により、学級通信のWEB配信や、サテライト学習のスタート、形骸化した研究大会を中止すること等にも成功しました。

10 「足並みバイアス」に勇気を持って サヨナラをしよう

　変化に弱い組織を作り上げ、創造の喜びを奪っていく「足並みバイアス」。
　それを乗り越え、変化に強いチームを実現し、仕事の喜びを生み出していくための方法やアイディアについてここまで述べてきました。
　もちろん一度の試みだけでは上手くいかないかもしれませんが、そこであきらめることなく、チャレンジし続けることには大切な意味があるのだと思います。子どもたちに、私は次のようなことをよく話します。

> 正解や成功ばかりを収める必要はどこにもありません。
> というか、そんなことは不可能です。
> 成長するためには、行動や挑戦が絶対に必要です。
> そして、行動すれば誰しもが失敗をします。
> その過程で「成長」が生まれるのです。
> 行動と失敗と成長は、ワンセットです。

　教師がチャレンジングである学級は、活気に満ちています。それは、主語を学校に変えても同じです。先生たちが果敢に挑む姿を見て、子どもたちはその価値や素晴らしさを感じる場面も必ず出てくるでしょう。
　人は、理屈ではなく感情で動く生き物です。
　より良い未来に対してイキイキと希望を語れる人が学校に一人また一人と増えてくることで、長年かけて培われた「足並みを揃えよう文化」（足並みバイアス）にサヨナラできる日が近づいてくるはずです。特に、中堅やベテラン、管理職などの要職についている方々がそのようなアクションを起こせば、職場はどれだけ活気づくことかしれません。
　人を動かす最大の要因は、最終的には戦略やネゴシエートではなく、その人が醸し出す"ワクワク感"なのだと思います。新しい学校のカタチを作っていく際、変化を嫌々受け入れるのではなく、迎え撃つぐらいの気構えでワクワクを進んでいくことができれば最高だと考えています。

コラム

子どもたちが生き抜く「未来」に求められる力

　足並みバイアスに我々が勇気を持ってサヨナラすることは、子どもたちが生き抜いていく「未来」においても重要な意味があります。

　「ダボス会議」で知られる世界経済フォーラムが、かつて二つの予測を出しました。その一つが、「2015年の社会において必要とされるスキル・トップ10」です。順に紹介します。

```
1位　複雑な問題解決力
2位　人間関係調整力
3位　マネジメント力
4位　クリティカル・シンキング（批判的思考力）
5位　交渉力
6位　品質管理
7位　サービス・ディレクション
8位　判断・決断力
9位　アクティブ・リスニング
10位　クリエイティビティ（創造力）
```

　さらに、この予測はもう一つ続きがありました。「2020年に必要とされるスキルトップ10」も予測しているのです。

```
1位　複雑な問題解決力
2位　クリティカル・シンキング（批判的思考力）
3位　クリエイティビティ（創造力）
4位　マネジメント力
5位　人間関係調整力
6位　心の知能
7位　判断・決断力
8位　サービス・ディレクション
9位　交渉力
10位　認識の柔軟性
```

注目すべきは、次の二つです。

・ランキングを上げたもの。

・圏外から新たにランクインしたもの。

　この観点で言うと、クリティカルシンキング（4位→2位）とクリエイティビティ（創造力）（10位→3位）は要チェックです。また、ランク外からは新たに「心の知能」と「認識の柔軟性」が入りました。

　ちなみに「心の知能」は、「EQ」ともいわれます。自分の感情を理解し、コントロールする力のことです。「認識の柔軟性」は、物事を色んな視点から解釈する力です。一つの見方だけでなく、様々な見方ができる人がこの力の高い人です。

　そして、両ランキングで1位だったのが「複雑な問題解決能力」でした。

　この傾向を見ると、今後の社会で必要な力が見えてきます。生活の在り方や人々の価値観など、社会の変化のスピードは一層速くなり、複雑な問題解決が求められるようになった今日の社会。その中においては、「それは正しいのか」と問い直す健全な批判的思考や、アイディアを生み、それを形にする力が求められます。そして、自分の心の動きを理解し、多面的で多角的な観点から物事を観察できる力が必要となっていきます。

　こうした力こそが、「未来を生きる力」なのです。

　我々は、子どもたちにこれらの力を育んでいく必要があります。そのためにはまず、先を歩く大人が、教師が範を示す必要があるのだと思います。「それは正しいのか」と今までの取り組みを問い直し、アイディアを生んでそれを形にしていきましょう。そして、自分の心の動きを理解し、多面的で多角的な観点から物事をとらえていきましょう。足並みを揃えることに執心し、画一的で無味乾燥な教育活動からは、決して上のような未来を生きる力は育めないと思うからです。

第2章

学習フレームにまつわる 「足並みバイアス」 からの卒業

1 子どもの事実から始めよう

　筆者の勤務校での体育館の割り当ては、曜日ごとに決まっています。

　６年生の割り当ては、金曜日。一週間に一度だけ、体育館で遊ぶことができる日です。

　昨日は、クラスで初めて「全員遊び」に出かけました。選んだ遊びは、極めてシンプルです。大根抜き。そして、おにごっこ──昔ながらの定番の遊びだと言えるでしょう。

　体育館に私が到着すると、すでに子どもたちが飛び跳ね、騒いで、はしゃいでおりました。

　最初は、大根抜きです。鬼は当然私。

　準備をするように声をかけると、男子女子が別になって固まるので、男女混ぜこぜで並ぶようにと言いました。そっちの方が盛り上がるからです。

　こんな時、女子はすぐに動くのです。

　こんな時、男子はすぐに照れるのです。

　勇ましい女子たちがなかなか動かない男子の間に割って入って、いよいよ大根抜きの準備が完了しました。

　上の文章は、５年前の学級通信からの抜粋です。子どもを見ていれば、こうした遊びの些細な場面一つとっても、明確な「違い」があります。

　男子と女子の間に生まれる性差は言わずもがなですが、それぞれの子の持つ能力やキャラクターによって、さらにその違いはカラフルなものになります。

　「照れ」の中には、本気で嫌がっている子と本当は嬉しい子がいます。

　「勇ましさ」の中にも、自分が先頭を切って動く子と後からついていく子がいます。

　そもそも「全員遊び」に心躍る子がいれば、そうでない子もいます。

　そうした山ほどの「違い」がある上に、学校の全ての活動が存在するの

だということを、まずは明確に押さえておく必要があります。

　学校によく掲げられるスローガン、例えば「男女仲良く元気に遊びましょう」などは、それらの「違い」をなきものとして扱うところを出発点として、「お題目」へと変貌を遂げていくのだと思います。

　これは、「遊び」の「大根抜き」の話ですが、「学習指導」であれ「生活指導」であれ、ベースの部分は変わりません。

　目の前の子どもの事実に目を向ければ、「違いを認めない」ということはありえないでしょう。

　しかし、第1章でも述べたように、多くの学校や学級では「足並みバイアス」に手かせ足かせをはめられ、ステレオタイプな子ども像を追い求めてしまいがちです。ここにこそ、現代の学校現場に大きな課題が渦巻いているのだと思います。

　子どもの事実をもとにして、その明確な「違い」を受け止め、むしろその多様さが生きるように学習をデザインしていくことが、これからの学習指導に必要なのだと思います。

　その「違いが生きる学習デザイン」を創るためには、学習を規定している枠組（フレーム）を確認していく必要があります。学習フレームとは、例えば時間です。例えば場所です。方法や順番や道具などもそうです。その一つ一つに「こうでなければならない」「どのクラスも同じように」という足並みバイアスは存在します。それらを解きほぐすことによって、「創造」という名の喜びややりがいが生まれてくることでしょう。

2 教室では常に「時間差」が生まれる
―小学1年生、朝の教室の風景から―

朝、8時29分。

教室に入ると、ほとんどの子はお知らせを書き終わって読書をしていました。

「今座っていた人？」と聞くと、「はい！」と元気よく手が上がります。

「今、読書をしていた人？」

これまた盛大に手が挙がります。

挙手した子たちを、まずは盛大に褒めます。

続いて「お知らせチェック」。終わった子から「アサガオの水やり」に行きます。帰ってきた子から「宿題のチェック」です。

それが終わった子から百人一首をします。対戦相手を見つけ、思い思いの場所で札を広げ始めています。

この時の子どもたちは、次のような様子です。

> 百人一首の札を並べている子：3割
> 百人一首の対戦相手を探している子：1割
> 宿題のチェックを受けている子：3割
> 水やりから帰ってきて宿題のプリントを探している子：1割
> アサガオの水やりをしている子：2割

一見雑然としているようにも見えますが、子どもたちの動きは素晴らしくスムーズです。次に何をするかが、はっきりしているからです。

教室では常に「時間差」が生まれます。

プリントを出す時然り、お知らせチェック然り、水やり然りです。

てきぱきする子がいれば、じっくり動く子もいます。

その時間差は、活動をかぶせることによってスムーズに解消します。

この時も、百人一首の3試合目には全員が揃いました。もちろん、個人によって行う試合数は若干違います。が、それでいいのだと思います。

水やりをじっくりしたい子もいるし、宿題のチェックに時間がかかる子もいます。それぞれに、時間の配分は違っていても大丈夫なような仕組みを作ることができれば、子どもたちは実に伸び伸びと活動に取り組むようになります。そして、この時間差の度に「待つ」ことはしないことにしています。理由は三つ。

　第一に、早い子がいつも待つことになるからです。毎回待つことで、次第に自分本来のスピードは出さなくなることでしょう。いつも力を出し切れずにいると、次第に意欲ややる気が落ちてきます。

　第二に、ゆっくりな子がいつも急かされることになるからです。毎回急かされることで、常にその子は緊張状態になることでしょう。あせった状態が続くことは、活動そのものが嫌になる恐れもあります。

　第三に、知的でないからです。「待つ」ことは、非生産的な時間です。「我慢する」ことへの耐性はやや身につくかもしれないが、それにしても毎回毎回「待つ」ことはさせたくありません。せっかくの貴重な時間なのだから、できる限りみんなの成長や喜びに役立てたいと思うのです。

　この時は、約20分の間に、連絡、配りもの、水やり、宿題チェック、お知らせチェック、百玉そろばん、暗唱、百人一首5試合、仲間について語った「ドラえもんの話」が終わりました。

　1年生であっても、それぞれのスピードの違いを吸収できる仕組みを作り、指導法を工夫すればこれだけ充実した時間と学びを実現することができるようになります。

　「時間差」一つとっても、真摯に向き合うことで学習指導が大きく変わってきます。「全員一律の速度で」という足並みバイアスから卒業するために、スピードとテンポについて詳述していきます。

「時間差を乗り越える」ステップ1
全員一律のスピードで学習を進めなくていい

　学校は、基本的に「全員一律のスピードで取り組む」ことが求められる場所です。それが、今までの指導のスタンダードでもありました。

　「ここまでを何分で進めてね」

　「何時までに○○を終了しましょう」

　「全員が終わったら、次に□□をしますよ」

　こうした指示のもと、子どもたちは一定の速度で取り組もうと努めます。

　もちろん、「時間感覚」を身につけるため、一定の作業スピードを獲得するため、集団で設定された時間に合わせて動くことも大切な学びです。また、全員が一定の速度で動いてくれれば教師の側としても統率がしやすいため、こうした動きが推奨され、評価されることも少なくありません。そして、いつしかみんなが揃って、みんなが同じ速度で動く作法や形式が「良いモデル」として認知されていきました。

　しかし、40人の子どもがいるならば、学習スピードも40通りあるのです。子どもたちはAIで動くロボットではないので、当然と言えば当然のことです。運筆の速さも、字の大きさも、理解の速さも違います。

　「ヨーイドン」で走り始めてゴールテープを切るタイミングが違うのと同じで、その子の本来持っている処理速度や作業スピードは全員違います。最も早い子と最も遅い子では、速度に数倍の開きがあるのが現実です。それを「一定の速度」に合わせるよう求め続けるのは無理があります。

　また、自分本来のスピードで動くことが許された場合に、子どもたちの意欲や生産性が劇的に高まる事実にも目を向ける必要があるでしょう。一定の速度に合わせるばかりでなく、活動をかぶせ、時間差をスムーズに吸収することでどの子も伸び伸びと学習に取り組むことができます。

「時間差を乗り越える」 ステップ2
心地よいと感じるテンポは性別でも年齢でも違う

パーソナルテンポ（固有テンポ）という言葉をご存じでしょうか。

話す、歩くなど、特に制約のない状態で自然と表出される個人固有の速さのことを指した言葉です。すでに多くの研究が行われており、社会的な認知も少しずつ高まってきている分野です。

例えば、「世界一受けたい授業」というテレビ番組に登壇した千葉大学の一川誠准教授は、番組内で次のように述べました。

「人それぞれ、心地よいと感じる間合いというのは違うものです。これは"パーソナルテンポ"と呼ばれています。自分のテンポと違うテンポで行動するというのは、非常にストレスが高くなると言われています」

先に述べた「一定のスピード」に揃えさせる指導は、多くの子にとってストレスがかかっている状態であることも知っておく必要があるでしょう。もちろん、社会で生きる以上何らかのストレスがかかることは避けられないとも思いますし、生きていく上で適度なストレスが必要なことも十分承知しています。大切なのは、こうした研究内容を把握した上で、常にストレスフルにならないように教える側が配慮することだと考えています。

関連して、もう一つ先行研究を紹介します。

子どもが一斉教育のもと、なかなか集団のテンポにのれず、後れを取ったり、ひとり先行してしまったりして統率を乱してしまう場面で教員は時に声を荒立てて子どもたちを咎めがちである。ほかの子どもたちの前で常にそのような注意がされると当人は萎縮し、学校嫌いとなり、また、ほかの子どもたちからのいじめの対象となることも考えられる。特に塩田（2011）は「「行動の遅い子」は、低く評価される傾向がある。その

要因の一つに、教員の言葉があると考えられる。<u>行動が遅いと、注意が多くなる</u>。教員に注意される行動→いけない行動→だめな子という枠付をしているからではないだろうか」と述べている。行動が速い子に比べて、遅い子が注意の対象になることの方が多く、学年が上がるにつれて何においても速くできることは良いと思われる風潮がでてくる。<u>教員の注意によって周りも低く評価するようになり、ばかにされたり、仲間外れにされたり、いじめの対象になることも少なくない</u>。（中略）全体の環境調整に併せて個のパーソナルテンポに注目した支援を行い、子ども自身も自らにあったテンポの調整方法を知ることができれば、学校現場での子どもたちの心の安定につながると考える。（板垣咲紀、野崎とも子「パーソナルテンポと性格傾向および 生体機能の関連についての検討」千葉大学教育学部研究紀要第64巻、pp.375-384、2016より、下線は筆者）

　パーソナルテンポの研究は非常に興味深く、「揃えること」に強烈な意味づけがなされている日本の教育現場においては特に価値の高い情報であると考えています。
　「テンポ」一つとってみても、こうした先行研究などを踏まえて授業を作ることや仕組みを整えることが大切だと思っています。なお、「速度」に関する足並みバイアス以外にも、学習の形式・作法・環境について思い込みで行われていることは実はたくさんあります。それらを脱却して授業を組み立てられるようになるだけで、先生方の創意工夫の波は一気に押し寄せるでしょう。「思考の縛り」によって実践が制限されている例は枚挙にいとまがないからです。

3 自ら選び取ることで意欲に火が付く

　昨年度私は、子どもたちが学習環境や学習方法を自由に選択する学習に取り組みました。名付けて、「ノマドスタディ」です。

　「Nomad（ノマド）」とは、英語で「遊牧民」を意味します。ここから「ノマドワーカー」という言葉が生まれました。ノートパソコン、スマートフォン、タブレット端末などを使い、喫茶店やコワーキングスペースなど、通常のオフィス以外の様々な場所で仕事をする人を指します。

　ノマドスタディでは、学習者が次のことを自分で選択します。

　・学習する順番
　・学習する方法
　・学習する場所
　・学習する時間配分

　どこで、どんな方法で、どの内容からやるかを選択させるわけです。教師は、「学習内容」と「終了時刻」を示すだけ。たったこれだけのことですが、子どもたちの意欲には明らかに火が付きます。それは、勉強が「与えられるもの」という受動的な意識から、自分で「つかみ取るもの」という主体的な意識に切り替わるからです。

　今年度に発行した学級通信から抜粋します。

（2020年6月18日発行 4年2組学級通信『FireSign』第45号より）

> 　「楽しい」と「楽しむ」は、わずか一文字の違い。
> 　しかし、この二つの言葉には天と地ほどの差がある。
> 　「楽しい」は、基本的には誰かから、何かから、与えられるものだ。
> 　映画を見て楽しい。ゲームをして楽しい。音楽を聴いて楽しい。
> 　外部からの刺激を受けて自分の中で起きる感情が「楽しい」である。
> 　受動的であり、反応的でもある。
> 　別に、この感情自体に問題はない。

ハッピーな感情なのだから、大切な役割をもっている。

　しかし、この誰かが与えてくれる「楽しい」ばかりを追い求めるようになると、途端に様々な問題が起きてくる。

「〜だからつまんない」

「〜は面白い！」

「こんなのダメじゃん」

「もっと楽しいのがいい」

　自分の心がプラスに反応すれば、即「楽しい」。

　自分の心がマイナスに反応すれば、即「つまんない」。

　自ら進んで努力することはなく、いったん立ち止まって考えることもなく、事態の原因をいつも周りのせいにする。

　こういう姿を、俗に「お客様感覚」という。

　自分は常に誰かから“してもらう”存在で、それが楽しいかどうかのジャッジを下すのが自分。

　こうなってしまうと、人は周りを責めるようになる。

「他責思考」という。

　自分を省みることなく、「楽しい」という感情をプレゼントしてくれない環境や他人を責めるようになるのである。

　結果的にどんな状態になるのか、一度想像してみると良いだろう。

「部活がつまんないのは○○のせい」

「勉強が面白くないのは〜〜のせい」

「仕事が面倒くさいのは〜、自分の生活が上手くいかないのは〜」

　このようにして生きていくと、人生は常に「環境次第」「運次第」になる。自分は自ら人生を切り拓いていくことはできない、と認めているのと同じである。

　一方、「楽しむ」はどうか。

「楽しむかどうか」は自分で決めるものだ。

　与えられた刺激が仮に不快だったとしても、それに対する反応を変

えていくことだってできる。

　解釈を変えたり、行動を工夫したり、自分の意志や思考によって未来を決定していくことができるからだ。

　そういった意味で、「楽しむ」は能動的であり思考的であるといえる。

　「こうすれば楽しくなりそう」

　「これでだめなら次はこうしたらいいんじゃない？」

　「こんなやり方もいいかもよ」

　考え方は前向きになり、生産的になっていく。

　さらに、周りの人や環境を責めることはなくなっていくだろう。

　人生は、自分のアイディア次第、行動次第で次々と開けていくこととなる。

　人生も勉強も、自ら選び取ることで意欲が生まれます。そして、選択における責任も生まれます。何しろ自分で選び取ったものなのですから。

　学校は基本的に与えられる勉強が中心です。与えられることに慣れると人は（もちろん私を含めて）、すぐ楽な方に傾くクセがあります。子どもたちも、放っておけばどんどん楽な方へと流されていきます。だまってじっとしていれば、大人が何でもかんでもやさしくていねいにかみくだいて教えてくれる。考えなくてもよい。ただ勉強をしていればよい。いわゆる「指示待ち人間」を育てていく土壌であるとも言えます。

　そうではなく、子どもたち自身が新しい知を求めて自分から動きまわるような状態を作りたいと思ったのです。

　ただし、いきなりこの実践に取り組むことはできません。子どもたちが、自分一人でも進められるように「学び方」を各教科で体得しておく必要があります。そして、どの程度までやれば成長や改善につながるという「基準」も獲得しておく必要があります。

　さらに、学習の目的をはき違えることなく、自らを律して自らで立っている「自治的集団」にクラスがなっていくことが土台となります。

「ノマドスタディ」ステップ1
目的を共有する

　本書で再三書き続けてきましたが、「何のために」という目的がブレたり曖昧だと、取組みは迷走します。反対に、目的が明確に共有されていれば、不測の事態がいくら起きようがいつでもその目的に照らして軌道を修正することができます。

　ノマドスタディを実践するためには、高いレベルの自治的集団を達成する必要があります。そのファーストステップは、目的を共有することです。昨年度発行した通信より抜粋します。

　✉ クラスをスタートする初日。

　話したいことは山ほどある。伝えたいことも山ほどある。

　できることなら、十分に学級での時間を取りたいところである。

　だが初日は、自由に使える時間が極めて少ない。

　入学式の準備があるためだ。

　６年生は、１年生の補助係が当たっている。

　そして、会場設営の任も任されている。

　学級で使える時間はごくごくわずかしかない。

　だからこそ、厳選した内容を扱うことにした。

　外せないのは、学級の一年を貫く柱である。

　つまりは、学級の「テーマ」だ。

　一年を貫く重要な話だからこそ、初日に行うこととして外すことができない。

　それは、「学校は何をする所なのか」ということである。

　これこそが「学校」にとっての「一丁目一番地」となる超重要項目である。

　次のように話すつもりだ。

　第一に、学校は「賢く」なる所である。

学校に来て、賢くならないのなら、学校には来ない方がよい。

学校という場所は、勉強をして、みんなが賢くなっていくためにあるからだ。

だから、学校に来ている間にほんの少しでも何かを学び、朝来た時よりもわずかでもいいから成長して家路についてほしい。

そのために、私も力を余すことなく全て出し尽くしたいと思う。

そして、みんなが「賢くなった！」「できるようになった！」と実感できる瞬間を応援できるような授業を実現させていくつもりである。

第二に、学校は「カッコよく」なる所である。

まず大前提として「格好良く」とは、外見を指しているわけではない。

日本語の中で外見を指して使われるようになったのは実は最近のことで、この言葉のもともとの意味は「ふさわしい」という意味である。

では、何においてふさわしくなることが求められるのか。

にとっては、それは当然「６年生として」という冠がつくだろう。

加えて、「学校のリーダー」という看板もしょって立つことになる。

６年生とは、学校の「顔」だ。

６年生を見ればその学校の様子が分かる。

なぜならば、最上級生こそが全学年の「リーダー」だからだ。

下級生たちは良いことも悪いことも君たちの姿を見習うのである。

学校全体を変え、学校全体を動かしていくことのできる、唯一の学年がリーダーたる６年生というわけだ。

この役割に「ふさわしく」なっていくとはどのようなことか、考えてみてほしい。

つまり「格好良く」とは、頭や体の成長とは別に、「心」の成長を指す。

６－３ではあえて、誰にも分かりやすいように、「格好良い」という言葉を使うことにした。

もう一度書く。
　続きを読む前に、「格好良い」とはどんな姿を指すのか、ぜひ一度考えてみてほしい。

　「格好良い」の物差しはいくつもある。
　中でも、私が特に大事だと考えているのは次の三つである。
①「同じ」を求めるのではなく、「違い」を認められる。
②「一つの見方」だけでなく、「色んな見方」ができる。
③「自分の喜び」だけを喜ぶのではなく、「人の喜び」を喜べる。
　この三つについては、追々詳しく述べていくチャンスがあるだろう。
　「心の成長」については解釈が様々にあると思うが、偉人・先人たちの素晴らしい生き方に学び、子どもたちとともにより良い道を探っていきたい。
　いくら勉強や運動ができるようになったとしても、この「心」の部分をなおざりにしてしまっていては、真なる「成長」につながらないと思うからだ。
　賢くなること。
　そして、格好良くなること。
　一年間、クラスで追い続けていきたい。

　「かしこく、カッコよく」はクラスのキーワードとして、幾度も教室の中で共有しました。その行動は「かしこく」なることにつながっているのか、その選択ははたして「カッコいい」と言えるのか、それをことあるごとに問いかけ続けたのです。
　目的地がはっきりしていることと、かつどの子にも浸透するように分かりやすいフレーズで語れることは極めて大切だと思っています。ノマドスタディ実践においても、この目的が浸透しきっているから子どもたちを解き放つことができるのです。

「ノマドスタディ」ステップ2
学び方を体得する

　一人で学びを進めるためには、学び方を体得しておく必要があります。

　昨年度の6年生がノマドスタディ中に活用していた「学び方」をざっと列挙してみます。

- ・漢字の効率的な覚え方
- ・音読の声量、スピード、姿勢
- ・効果的な休憩の取り方
- ・内容に合わせた要約のバリエーション
- ・見やすいノートを書く基礎技能
- ・工夫してノートを書く応用技能
- ・間違えた問題を繰り返し学ぶ方法
- ・難解な計算を解き進めるための補助ツール
- ・道徳教材の主題をつかむ4ステップ
- ・詩文を暗唱する練習法
- ・検索術5種
- ・自力で解けない時の解決方法
- ・絵やイラストの上手な写し方
- ・学習に使える資料・道具の置き場や活用の仕方
- ・丁寧な受け答えの基礎
- ・学習道具を忘れた際の対処法
- ・廊下で先生方にあった時の礼儀作法
- ・陰徳の価値とその積み方

　他にも細かく挙げればきりがありませんが、要はこうした「学び方」を日常の授業の中で教え、鍛え、個人として一定の基準を自分たちで超えられるようにするまで練習するということです。

些細なところで言えば、私は6年生であっても「鉛筆の持ち方」から教えます。卒業学年であっても、正しく持てている子は毎年数人しかいません。誤った持ち方で一年を進むとなると、そのマイナスもどんどん積もり重なっていきます。

　最終的に独り立ちして学習を進める姿を思い浮かべ、その子どもたちに合わせて必要な学習技能、学び方を教えていくということです。

　「ノートまとめ」の指導を例にとりましょう。

　百聞は一見に如かず。子どもたちが、100％自分の力だけでまとめたノートをまずいくつか紹介します。

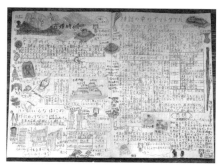

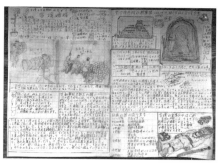

　「指定された教科書の範囲を要約してノート見開き2ページにまとめる」――このノートまとめの実践は、すでに先行実践が数多く存在するため、その指導法の詳細についてはここでは触れません。

　大切なのは、この実践を通して子どもたちに「学び方」を体得させるこ

とにあります。この学習ならば、「工夫してノートを書く応用技能」の体得です。

　通常、子どもたちは「教師が黒板に書いた内容をノートに写す」という技能しか知らない場合がほとんどです。

　それが、この実践では書く内容を基本的に全て自分で決定します。

　その学習作業を幾度か通過させることにより、クラス全員にノートまとめの「技能を体得」させ、一定のレベルまで「習熟」することが重要な目標の一つとなります。

　技能を体得し、習熟の段階まで至った子たちは、教師が一切教えずとも上記のようなノートまとめを行うことが可能となるからです。しかも、子どもたちは熱中します。

　効果的にイラストを配置する技や、端的に資料の文章を要約する技を使えるようになると、自分たちでそれを使ってどんどんアイディアを試したくなるのです。

　なお、上記の学び方の内容一つ一つについて詳細を記すには紙幅が足りないため、今回は割愛します。

　要は、担任しているクラスの子どもたちが、自主的学習を進めるためにどんな学習技能が必要か、不足しているのか、見定め、磨いていくのが二つ目のステップだということです。

ルールを守った状態を維持できるチームを作る

　自治的集団を作っていくためには、意図的に「教師が子どもたちから離れていく場面」を作る必要があります。しかし、それは段階的に行う必要があるでしょう。船出を始めたばかりの一学期は、まず明確に目的を共有し、さらに自分一人で学びを進められるように学び方を鍛えていくのが優先です。

　目的がチームに浸透し、子どもたちが一定の学び方を体得したところで、次のステップに移ります。

　教師不在でも、子どもたちだけで学習を進められる状態を作るのです。最初は、ものすごくシンプルな課題がいいでしょう。昨年は、図書室での「読書タイム」を使いました。まず、時間と課題とルールを伝えます。

　次のように話しました。

　今から20分間、君たちだけで読書をします。

　先生は、あえて席を離れます。

　君たちだけでルールを守り、先生不在でもチームとしての動きを維持できるかを確認するのが目的です。

　この課題は、クラスが始まったばかりの4月はできませんでした。

　チームとして成長し、君たちへの信頼度が高くなってきた今だからこそ、この課題に取り組んでみようと思っています。

　だから、チャレンジできること自体が先生はとても嬉しいです。

　もし課題を達成できた場合は、さらに君たちだけの力で学習を進めたり、選んだりする場面を増やそうと思います。

　もしできなければ、仕切り直しです。もっといいチームになってから、再度この課題に挑戦しましょう。

そして、ルールを伝えました。ものすごくシンプルなルールです。

①20分間一切しゃべらずに読書をする。

②場所は図書室内なら自由。だが、お互い3m以上離れて読書すること。

やってみると分かりますが、子どもたちは燃えます。できたら権利が増えて、できなければ権利が減る。シンプルな仕組みですが、「これは大人の社会でも同じなんだよ」と話すと子どもたちはさらに納得します。

「自分たちだけで!?」と目を輝かせます。

「きっとやってみせる!」と大勢の子が奮起します。

そして、私は図書室に向かう子どもたちの列を見送ります。「頑張ろうね!」「うん、頑張ろう!」と互いに鼓舞する姿すら見えます。

こうした姿を見ていると、いかに学校のシステムが子どもたちの自立心が育つチャンスを奪っているのかということにも気づかされます。第1章にも書いたゼロリスク信仰や、数多くの「足並みバイアス」が、子どもたち自身に学びを委ねることを阻んでいるように思います。

図書室での課題ができたら、作文やノートまとめ等、子どもたちがやり方を体得しているシンプルな課題に順次取り組ませていきます。こうして少しずつ、クラスというチームの間に、「自分たちだけでできる課題は自分たちで取り組もう」とする自立心が芽生えてきます。

もちろん、一度でできなくてもいいのです。できなかったら課題を確認し、できたら一緒に喜んで次なる課題に挑戦する。この繰り返しをすることで、少しずつ教師不在でも自分たちでルールを守り、チームの動きを維持できるようになっていきます。

さらに、こうした課題を乗り越える中で、不測の事態が起きた時にどう対応すればよいかということや、ルールを守ることよりも時として重要なこともあるということを、子どもたちは学び始めます。チームとしての経験値は、どんどん高まっていきます。教師があれこれ指示しないと動けなかったチームが、自分たちの足で立ち、歩み始める瞬間が訪れます。

「ノマドスタディ」ステップ4
「仲間」を教え、喜び、励まし続ける

クラスメイトといえども、子どもたちの間に当初チームワークはほとんど存在しません。そうした意味では、チームという状態には程遠いと言えます。むしろ、集まりや集団と言った方が近いでしょう。

荒れたクラスを担任した時ならなおさらです。子どもたちの関係はぎくしゃくしていたり、亀裂が入っていたり、冷え切っていたりします。こうした中で、いかに学び方を教えたり、ルールを守ることの価値を教えたとしても、自治的集団には決して近づいていきません。

困った時に助け合える風土を作るためには、まず、「助け合う」という行為の価値を知らなくてはいけません。いわゆる利他の精神です。この利他の価値を伝える方法や段階は様々あるのですが、その一歩めとして「仲間」とはどんなものかを教える必要があると思っています。

今年度の学級通信から抜粋します。

> 「『ドラえもん』の中で一番好きなキャラクターは何ですか?」
> 昨日の隙間時間に、みんなに問いました。
> 選択肢は5人。
> ドラえもん、のび太、スネ夫、しずかちゃん、ジャイアンです。
> 圧倒的人気を誇ったのは、やはりドラえもんでした。
> クラスの9割以上の子が、手を挙げます。
> 長年大勢の人に愛されている、不動の人気キャラクターです。
> 次点として、のび太、しずかちゃんといったところでした。
> 「そうなんですね」と答えを受け止め、一呼吸おいてから続けました。
> 「先生が好きなのは、ジャイアンです」
> 途端に「ええ〜〜!!」「なんで!?」と子どもたちはどよめきま

した。

笑顔で話を続けました。

「先生の好きなキャラクターは、改めて言いますがジャイアンです。もう少し詳しく言うと、映画の中のジャイアンが好きなんです」

ここまで話した段階で、何人もの子が大きく頷きました。

「ああ～～」「わかるわかる！」と。

ジャイアンは、普段は結構意地悪です。

のび太のことをいじめたり、スネ夫のおもちゃを勝手にとったり、何となく悪いイメージのあるキャラクターです。

ところがどうして、映画作品の中では「いいヤツ」なのです。

特にピンチで苦しい時ほど、頼もしいのです。

くじけそうになったのび太を励ましたり、身を挺して仲間を守ったりと、とにかく優しくて強い姿が描かれます。

普段は少し意地悪かもしれませんが、ここぞの場面で誰よりも友だちに優しいのはジャイアンだと思っています。

だから、私はジャイアンが好きです。

良い面悪い面をひっくるめた、「人間らしさ」が好きなのです（『ドラえもん』をそんなふうに見ている私は少し変わっているかもしれませんが）。

ちなみに、これは私の子どもの頃のイメージなので、ひょっとしたら子どもたちには伝わらないかもしれないと思っていました。

しかし、話している最中のみんなの頷き方は大変大きいものでした。

キャラクターの描かれ方は、一貫して今も続いているようです。

続けて、話しました。

私は、「みんな仲良くしなさい」という言葉を、使ったことがありません。

「仲良く」の言葉の定義にもよりますが、そもそも「みんな」が

「仲良く」という状態は、普通では考えられないことだからです。

　35人もの子どもが集まるこのクラス。小競り合いがあれば、ぶつかることだってあります。

　それが、自然だし普通です。当たり前のことです。

　そして、そういう一つ一つのことを乗り越えていくことには、極めて大きな教育的意義があります。

　それを一斉に「みんな仲良くしなさい」と言ってしまうことは、どこか不自然というかひずみを生じさせてしまう一因になるのではと考えています。

　だから、「みんな仲良くしなさい」という言葉を使いません。

　その代わり、「仲間を大切にしなさい」とは言います。

　「大切にする」とは、相手を認めることです。

　少しくらいぶつかることがあったとしても。

　ちょっと仲が悪くなってしまうことがあったとしても。

　困った時に助け合えたり、嬉しいことが起きた時は喜び合えるのが「仲間」だと思っています。

　まさに、映画の中のジャイアンのような姿です。

　縁あってこのクラスに集まった35人が、胸を張ってお互い「仲間」だと言い合える姿を目指しています。

　そんな話を、昨日しました。

　みんな、真っ直ぐにこちらを見つめて、真剣に聞いてくれました。

　以前も書きましたが、「クラス」は、始まりの時点では「チーム」には程遠い状態です。

　「集まり」とか「集団」の方が近いでしょう。

　チーム（仲間）へと進化を遂げるには、目標がいります。

　そして、行動の指針となる哲学がいります。

　4年2組という集団が仲間へと進化できるように、様々な出来事を避けるのではなく乗り越え、一年を過ごしていきたいと思います。

「仲間」とは、喜び合えるものであり、助け合えるもの。このように最初に定義をし、そうした姿が生まれてきた時には、教師は盛大に喜ぶことにしています。

　「そう、それが仲間なんだよ」

　「少しずつ仲間に近づいていくみんなの姿が嬉しいです」

　最初はわずかなわずかな火ですが、それを絶やすことなく消えないように励まし続けることで、助け合いの輪がどんどん広がっていきます。

「ノマドスタディ」ステップ５
行動哲学を共有する

　具体的には、次の三つのステップで学級内に「助け合える風土」を作っています。

①大目的・行動哲学の共有

②個人目標・チーム目標の設定及び振り返りシステムの構築

③協同学習や協力活動のルーティン化

　①について、先の通信にも書いた通り、学校に来る大目的やどのような指針に基づいて行動するかという行動哲学がなければ、集団は仲間へと育っていきません。まずは、全体のリーダーたる教師が、明確に目的や行動哲学を語る必要があります。

　例えば、p.42の通信に記した通り、渡辺学級では次のことを学校に来る上での大目的に掲げています。

> **賢く、カッコよくなること。**

　これを、子どもたちにクラスがスタートした瞬間に語ります。さらに、ことあるごとに持ち出し、問いかけて、確認します。渡辺学級なら、数週間でどの子もこのフレーズが浸透している状態になります。

　「新しいことを知ってかしこくなったね」「そんな風に行動できるのはあなたがカッコよくなってきた証です」と、その都度上のフレーズを使って認めていくわけです。

　何のために、という目的が全員に浸透すると、大きな行動の間違いは激減していきます。何かトラブルが起きた時も、原点に立ち戻って考えることができるため、ブレや迷いが少なくなるのです。

　その上で、行動の指針となる哲学を伝えていきます。例えば以下のような内容です。

行動すれば成功か大成功
行動した時点で「成長」が生まれるから

「楽しい」は人にもらうもの「楽しむ」は自分で作るもの
誰かのせいにしないで、自分の力で人生を楽しもう

心は部屋と同じ　ほうっておくとホコリがたまる
陰徳を積んで心のそうじをしよう

「当たり前」と思うと「文句」が生まれる
「有り難い」と思うと「感謝」が生まれる

信頼貯金は見えない貯金　人を助けてたまる貯金

無反応・無表情は人を不安にさせる
返事や相づち・合いの手は、あなたの勇気と優しさです

どんどん真似ようどんどん写そう
全ての学習はここから始まるのだから

「普通」はこの世に存在しない
一人残らず違う「変人」が存在するだけ
同じを求めず、違いを楽しもう

机も椅子もノートも教科書も鉛筆も消しゴムも全部「使わせても
らっている」もの　大事に使うことで、勉強の「ファインプレー」
が生まれる

最高の「準備」が最高の「結果」を生む
準備に力を注げば、結果は自然とついてくる

失敗は宝　失敗は勲章　失敗はチャンス　だから、失敗の山を築こう
そして、心の底から悔しいと思える「本気の失敗」を経験しよう

周りの人と比べるべからず
昔の自分と比べるべし

「言葉」どおりの世界があなたの周りに広がる
天国言葉の周りには幸せが、地獄言葉の周りには不幸が広がる

「集まり」は、ただそこに一緒にいるだけ　バスの乗客と一緒
「チーム」は、互いに励まし合い、喜び合い、同じゴールを目指すもの

誰かの幸せにつながることなら即実行しよう
先生の許可なんか、もらう必要はない

去年より、昨日より、さっきより
一歩でもかしこくカッコいい自分になろう

　上の話は、クラスで段階を踏まえながら伝えていく行動哲学（指針）です。学級通信でも繰り返し紹介しますし、クラスの背面には大きく引き伸ばして印刷し、掲示してあります。
　「かしこくカッコよく」という目的と、どう行動すればその目的に至るかという行動指針。この二つは、助け合える風土、つまり集団から仲間へと昇華させていく上で必須の項目だと考えています。

「ノマドスタディ」 ステップ6
「助け合うチーム」に至る仕組みを整える

　そして、目的と指針が分かれば、今度は②の具体的な行動目標を立てます。私のクラスでは、レーダーチャート目標を採用し、10日間ごとに自分の生活や学習の取り組みを振り返る仕組みを作っています。

表　　　　　　　　　　　　　　裏

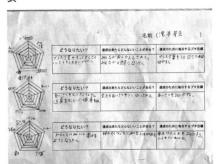

　レーダーチャートは大きく「心」「生活」「学習」の三つに分けています。その「心」の項目の中には「陰徳」や「人助け」が含まれています。こうした行動ができるようになる姿が、心が磨かれてきた姿であり、「カッコいい」に近づいてきている証であることを伝えるのです。

　子どもたちは、さらにその行動目標の振り返りを毎日行います。裏面の○や×がついているところがそうです。そして、十日ごとにふり返りを行い、次の同じシートを記入するという仕組みにしています。

　目的があり、行動指針があり、具体的な行動目標がある。

　このことが、助け合える集団を作っていく上で重要なことだと考えています。

　このシートは個人の取り組みから少しずつチームでの取り組みに昇華していきます。

　個人だけでなく班単位での目標にシフトチェンジしたり、友だちからの

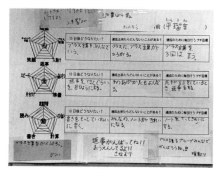 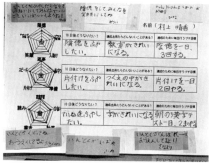

励ましの付箋が貼られるように取り組みを重ねていったり、徐々に自分の目標と人の目標が重なるように進んでいくように仕組みを作っています。

　こうすることで、クラスの誰が何に向かって頑張っているかが共有されるようになっていきます。こうなると、助け合う行動はさらに加速化し、少しずつ学級の「文化」として根付いていきます。

　そして、③に書いた通り、各教科の授業において、協同学習が恒常的に行えるように場を整えるのです。端的に言えば、自分一人で達成するのではなく、チームの力を結集して達成する課題を意図的に与えていきます。

　例えば国語では、クラスで一斉に指名無し音読（一人ずつ任意のタイミングで起立し、代わる代わる一文ずつ読んでいく方法）を行う際の「タイム」を計測することがあります。指名無し音読ですらすら読み進めるためには、読む人の番手がスムーズに移行していく必要があるため、チームワークが試されます。互いに目線を送り合って立つタイミングを譲り合ったり、読み手が途切れた瞬間にさっと勇気を出して立ち上がる子が必要となったりと、様々な助け合いが必要となります。

　もちろん個々の音読力（声のハリ、スピード等）の向上も必須となります。個人の努力＋全体の連携がなければタイムは縮まらないため、チームの総合力を示す良い指標の一つとなるでしょう。

　他にも、課題を早く達成した子を「ミニ先生」や「お助けマン」として活躍させる時もあれば、グループで一丸となって調べ学習に取り組ませることがあれば、討論で二方に分かれて熱弁をふるい合わせる時があれば、

係活動等で創意工夫を生かしてより良いクラスを作るために活動する場面もあります。

　要は、学校生活のあらゆる場面において、行動指針に基づく「助け合う活動」を実現できる場を作り続けていくということです。

　これによって、学級内に助け合える風土ができていきます。

「ノマドスタディ」ステップ 7
信じて任せる時間を少しずつ増やしていく

　ここまでに書いてきた段階を超え、子どもたち自身が自ら学びを進められる手ごたえを感じてきたところで、任せる時間を増やしていきます。特に、一定の年齢以上の子どもたちにとって、「任せるよ」はキラーフレーズです。低学年の子たちのキラーフレーズが「ナイショ」や「トクベツ」や「ヒミツ」など限定感がある言葉であるのに対して、思春期が近づいてきた子たちには「任せた」「頼むよ」「君だからこそ」という信頼感をまとわせた言葉が特に効果的です。

　子どもたちは、信じてほしいのです。

　子どもたちは、任せてほしいのです。

　そして、その思いがチーム全員で達成できた時は、ことさら強い充実感を覚えることでしょう。

　4時間分のノマドスタディを実践した時、子どもたちは、充実感と喜びに満ちた表情で教室に帰ってきました。それは、学習内容をやり終えたという充実感だけではなかったはずです。

　先生に信じてもらえた。先生に任せてもらえた。僕たちは、それを自分たちだけの力でやりとげることができた。学習としての経験値だけでなく、チームや個人としての経験値や自信を深めて子どもたちは勉強を終えたように私の目に映りました。

　このノマドスタディは、学習の大きな効率化を達成させられるだけでなく、子どもたちの自信や意欲をも高めていける方法です。「足並みバイアス」によって、学校は決まりきった勉強しかできないと思い込んでいる子どもたちは大勢いるはずです。

　その子どもたち自身が、自らを縛っている思考を解き放っていくきっかけになれると確信しています。

4 「動き」の足並みバイアス
学習中は静かに座っていなくてもいい

「静かに座っておきなさい！」

「チョロチョロ動かないの！」

「じっとしてなきゃだめじゃない！」

　私が小さい頃から学校で聞き続けてきた言葉です。現在でも同じように指導されている学級が多いことと思います。

　これに関して、こんなエビデンスがあります。2015年に、アメリカのセントラルフロリダ大学から発表されました。

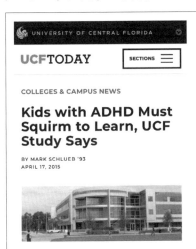

UNIVERSITY OF CENTRAL FLORIDA

UCF TODAY　　SECTIONS ☰

COLLEGES & CAMPUS NEWS

Kids with ADHD Must Squirm to Learn, UCF Study Says

BY MARK SCHLUEB '93
APRIL 17, 2015

For decades, frustrated parents and teachers have barked at fidgety children with ADHD to "Sit still and concentrate!"

But new research conducted at UCF shows that if you want ADHD kids to learn, you have to let them squirm. The foot-tapping, leg-swinging and chair-scooting movements of children with attention-deficit/hyperactivity disorder are actually vital to how they remember information and work out complex cognitive tasks, according to a study published in an early online release of the Journal of Abnormal Child Psychology.

The findings show the longtime prevailing methods for helping children with ADHD may be misguided.

"The typical interventions target reducing hyperactivity. It's exactly the opposite of what we should be doing for a majority of children with ADHD," said one of the study's authors, Mark Rapport, head of the Children's Learning Clinic at the University of Central Florida. "The message isn't 'Let them run around the room,' but you need to be able to facilitate their movement so they can maintain the level of

https://www.ucf.edu/news/kids-with-adhd-must-squirm-to-learn/

大事な部分を抜粋します。

> 　ADHDの子どもが学習する時には、足でリズムをとったり、足をぶらぶらさせたり、椅子をゆらしたりすることは必要な行為との結果が出た。

　要は、「学習させる時に動かせることが必要である」というエビデンス

です。

　杉山登志郎氏（日本を代表する小児科ドクター）によれば、普通学級に在籍するうち約７％の児童が発達障害であり、診断はつかないまでも支援が特に必要である児童が14％いるとのこと。

　以上の内容は『発達障害の子どもたち』（講談社現代新書）という本に詳しいです。

　つまり、普通学級において２～３割程度の子どもは、何らかの配慮や支援が必要な子どもであり、その中において例えば「学習中に動かすことが必要」などの配慮が必要である、ということなのです。

　では、反対に６～７割程度の配慮の必要ない子どもには、「動かす」ことに意味はないのでしょうか。これも、エビデンスがあります。そもそも、ADHDとは、脳内で分泌されるドーパミンなどの神経伝達物質が上手く分泌されないことが原因であるとされています。そして、ADHDの子どもに病院から処方される薬（コンサータ、ストラテラ、インチュニブなど）は、これらの神経伝達物質の分泌を調整するものです。

　ドーパミン等が適切に分泌されると、落ち着きを取り戻せます。さらに、ドーパミンは集中力に加え、記憶力を高める物質でもあります。勉強のやる気のもとであるとも言えるでしょう。発達障害の子どもたちだけでなく、全ての人間にとって重要な伝達物質というわけです。

　そして、薬に頼らなくとも、ドーパミンは出すことができます。それも、ごくごく簡単なやり方で。中でも代表的なのが、「動く」という方法です。

　動くと、ドーパミンが出ます（平山諭氏の著作に詳しいです）。

　つまり、ADHDのお子さんをはじめ、配慮を必要とする子たちが動いていることには大切な意味があったのです。チョロチョロしながら、足をぶらぶらしながら、脳に落ち着きを取り戻させようとしていたわけです。

　「動くことは、配慮が必要な子を含め、全ての子どもたちにとって有益な意味がある」

　このようなことが分かっていた場合、どうすればいいのでしょうか。

　これは、授業の中で合法的に動かしてあげるのがいいです。

「全員起立。２回読んだら座って読み続けなさい」
「３番の問題ができたら、ノートを持ってきます」
「書き終わった人から黒板に書きましょう」

　立ったり、ノートを持ってきたり、黒板に書いたり。もちろん、声を出すことも手を挙げることもそうです。先の一年生の例のように運動場に出てみるやり方や、６年生の例のように３つの場所を行き来する方法もあります。授業の行い方によって「動き」をOKにすると、そわそわしていた子たちやチョロチョロしていた子たちが、驚くぐらい集中して授業を受けるようになることは、一度試してみるとよく分かります。

　下の写真はなんだか分かるでしょうか。柔らかい材質でできた、いわば

「飛び石」です。「バランスストーン」といいます。授業で集中が切れたら、この飛び石をポンポンと移動して、自分の席に戻る。欧米の学校では、こうしたことが普通に認められています。「動く」ことのエビデンスが、日本よりもはるかに浸透しているからです。

　昨年度から、私の学級でも導入しました。「動くこと」を禁止事項ではなく、より良い学びを実現する上での「必須要素」としてとらえることで、学習の場づくりは大きく変わります。

5 「座席」の足並みバイアス
全員が同じ場所に座って学習しなくていい

　他にも、座っている時に背中や首がぐにゃりと曲がってしまう子たちをイメージしてみてください。色んな理由で「姿勢が保持できない」子どもたちです。こうしたお子さんも学級に一定数いるに違いありません。

　多くの場合、「背筋を伸ばしなさい」という指導が、全体に一律でなされます。しかし、今まで見てきた通り、「座ること」一つにおいても、個人において様々な感覚の違いがあることは間違いありません。

　ちなみに姿勢が保持できない子たちの多くは、「一つの支点」だけでは姿勢を保持することが難しい場合が多いです。だから、ひじをついたり、背もたれによりかかったり、突っ伏したりするようになるわけです。こうすることで、別の支点ができるからです。

　でも、座る素材を変えると、そうした問題が一気に解決することがあります。例えば、以下の写真はフィンランドの公立学校の風景です。

　欧米では、座る素材も色々です。バランスボールや、底が曲面になっている椅子、そもそも、椅子を使わないで授業する…などなど。クッション一つの形状や厚みでも多くのバリエーションがあります。「座ること」一つに、これだけの選択肢を設け、配慮がなされているわけです。

　できるところから少しずつでも変えていこうと考え、担当しているクラスでは座るものや座る場所にも様々な工夫を行っています。

　例えば「ゴールデンシングルシート」と名付けた座席。簡単に言えば、一人席のことです。お隣さんがいない状態です。これは何のためかというと、感覚が過敏であったり、お隣さんがいることでかえって集中が途切れやすい子どもがいるためです。

　また、ノマドスタディの例でも紹介したように、そもそも座らずに立っている方が集中が持続するパターンや、椅子ではなく畳に座布団で座った方が姿勢が保持しやすい子もいます。

　スタンディングシートで学んだり、和室で学んだり、シングルシートを活用したり、図書室のオープンスペースで学んだり、「選択肢」を作ってあげることで子どもたちがより意欲的に学習を続けられる仕組みが整っていきます。

6 「道具」の足並みバイアス
黒板とチョークを使わなくてもいい

　チョーク片手に口角泡を飛ばしながら進める伝統的な授業スタイルを「チョーク＆トーク」と呼ぶことがあります。ここまでお読みになった方ならすでにそうした思い込みは解けているかもしれませんが、授業では黒板とチョークを使わなくてもよいです。

　そんなのは当たり前だろうと思う方もいるかもしれませんが、日本の学校の主流は今も圧倒的にチョーク＆トークです。

　教育現場におけるICTの活用度は、OECD加盟国で最も低い値が出ており、子どもたちが学校外で学習にICTを活用する割合も同じく最低です。

　断トツの低さで、教育にICTを活用できていない現状があるわけです。

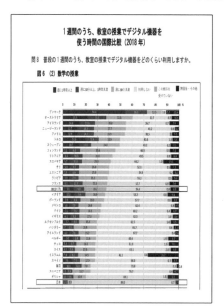

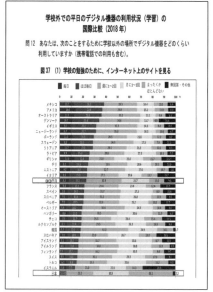

（国立教育政策所発行『（PISA）〜 2018 年調査補足資料〜』https://www.nier.go.jp/kokusai/pisa/pdf/2018/06_supple.pdf）

チョークで黒板に書かれたいわゆる「板書」は子どもたちが「見る」ものです。当然ここにも個人差があるわけですから、一つの素材を絶対視して他の可能性を排除するなんてことは横暴だと言えるでしょう。

しかし、「今までと同じ」「周りのクラスと同じ」に引っ張られる思考があったならば、新しい素材の可能性は試されることがありません。「足並みバイアス」を乗り越え「ねばならない思考」ではなく「してもいい思考」で授業に合わせ、子どもたちに合わせ、見るものだって柔軟に考えてよいのです。

以下は、現在の渡辺学級の写真です。

スマートフォンのパノラマ写真機能で撮影してみました。

授業に使える視覚素材として、教室には四つのものを配置しています。
①黒板
②電子黒板（タッチ式、対面しながらコンテンツの操作が可能）
③テレビ（実物投影機・DVD に接続済み）
④ホワイトボード（スマホ＆ AppleTV と「Kocri」というアプリに接続済み）

それぞれ利点があります（黒板以外を紹介します）。

②の電子黒板の利点は、画面にタッチしながら子どもたちへの視線を切ることなく授業ができることです。パソコンに接続して使うので、準備に手間がかかる難点がありますが、機器を常設しておけばさほど気になりません。タッチ式なので、子ども同士での学習対戦ゲームができたり、直接書き込んだ線や図形を指先で移動させたりと、コンテンツを扱う際の自由度が高いです。

③は全学級に入っているテレビです。校内放送を見る時、DVDを使う時、実物投影機を使う時に主に使います。また、電子黒板で使うように作っていたコンテンツも、特に「タッチ」や「書き込み」の必要がなければ、TVで済ませることもあります。つまり、電子黒板のサブ機としての活用です。準備もケーブル一本を接続すれば済むので、非常にスピーディです。

・③は今年度から導入しました。「Kocri」というアプリがあります。スマホとAppleTVと接続することで、黒板やホワイトボードにコンテンツを映せるアプリで、現在特に算数の授業で活用しています。無線でつながるので圧倒的に準備が早く、またスマホがコントローラーになるので、手元でぱっと操作してコンテンツを動かすことができます。また、スマホが書画カメラとしても機能するので、教室のどこへ行ってもスマホで写せば拡大画面がホワイトボードに映ります。もちろんこれを黒板に投影することもできます。Kocriの活用場面はたくさんあるのですが、今回は本旨とズレるので割愛します。手軽にコンテンツを準備して操作できるのが利点です。

　視覚素材について書いてきましたが、先のチョーク＆トークといい、日本における「黒板」や「板書」は相当重要な位置づけとして学校現場に根付いています。

　例えば、授業において必ずしなければならないものと求められやすいのが「**授業開始の挨拶**」「**めあての記述**」「**構造的な板書**」であると言われます。これらは「三大形式主義」とも呼ばれたりもします。そのうち二つが黒板に関するものであることからも、根深い思考の縛りがあることは想像に難くありません。

　しかし、黒板も板書もいずれも一つの方法でありツールなわけですから、必ずそれをしなければならないことはありません。むしろ、子どもたちに応じて、授業の内容に応じて、柔軟に各素材を使い分けていくことが子どもたちの理解を助け、スムーズな授業展開につながります。

　「ねばならない」という思い込みは研究をストップさせ、授業を画一的

で形式的なものにすることを心に留める必要があります。

　私は昨年、中国政府の招聘によるユネスコの使節団の一員として訪中しました。中国では、都市部でも地方でも公立でも私立でも関係なく、全ての教室に黒板と電子黒板が配備されていました。内容に応じて、片方を選択したり、双方を組み合わせたりしているのだそうです。

　日本がOECDの中でICTの学習活用度が圧倒的最下位であることは、「足並みバイアス」が多分に影響しているのは間違いありません。

　より良い方法を選択できる自由な研究の風土を日本の学校現場にも作っていきたいものです。

　以上、学習フレームにまつわる数々の足並みバイアスについて述べてきました。

　「周りと同じように」「こうでなければならない」と思考を縛るのではなく、目の前の子どもたちの力を生かし、伸ばすにはどうすればよいかを創造的に考えていくことで、たくさんの喜びの花が咲いていくことと思います。

第**3**章

授業の
「足並みバイアス」を
断捨離しよう

「ワクワク」→学校生活6年間→「つまんない」

「（小学校）1年生って、勉強に対してものすごく"ワクワク"してるじゃん。『明日は漢字の勉強だ！』とか『早く算数やってみたい！』とか。教えたことにもすっごい反応があって『わかったー！』とか『楽しい〜！』って喜ぶでしょ。でも、そういうワクワクいっぱいの子たちが6年間たつと大体みんな『勉強』＝『つまんない』になって卒業していくのって、どうしてなんだろうって思うことがあってさ。そう考えると、学校の責任ってすごく大きいと思うんだよね」

数年前、同僚の先生から聞いた話です。その先生の素直な問題意識を聞いて、「確かになぁ」と深く共感した覚えがあります。

ちなみに、私の娘も、昨年小学校に入学したばかり。例にもれず、学校での勉強をワクワクしながら心待ちにして登校していきました。しかし、先の話に照らせば、数年後には娘も勉強を「つまらない」と感じるようになるのかと思うと、とても寂しい気持ちになります。

図に表すと、こうなります。

一体、6年間のブラックボックスの中には何があるのでしょう。何が、子どもたちの勉強に対する思いをこれほどまでに変えてしまうのでしょうか。もちろん要因は様々あるのは間違いありません。私は、その中でもひときわ大きい三つの要因があると思っています。

一つが**授業**、一つが**評価**、そしてもう一つが**宿題**です。

15年間の教師人生の中で、山ほどの授業をライブでも映像でも見てきました。

良い授業は例外なく子どもたちが能動的に動いていました。思考が活性

化していました。大人が受けても子どもが受けても、いずれにしても「この授業は明らかに楽しい」、「熱中すること間違いなし」と感じられるものでした。そうした授業は、見ていてはっきりと分かります。良い授業とそうでない授業は、ボンヤリとした違いではなく一目瞭然とも言えるくらい大きく違っています。

　毎年、参観授業を終えた後の感想で、保護者の方から「先生のクラスに入って一緒に授業を受けたいです」という感想が寄せられます。保護者の方からしても良い授業か否かの見分けがつくのでしょう。それは、子どもたちの現実、学ぶ姿を見ていれば明らかなのだと思います。

　学校生活のおよそ9割は授業です。現在、色々な方から学級に関する相談を受けますが、クラスを立て直していく手段として最も近道かつ効果的なのは、授業改善であることをよくお伝えします。なぜなら、学校で過ごすほとんどの時間が授業だからです。

　5時間も6時間も机に向かって、「できた」「分かった」が感じられないことほど苦痛なことはありません。それは大人であっても同じことでしょう。多くの時間を割いて成長が実感できなければ、徒労感や疲弊感を感じても無理はありません。

　そして、その授業を強く規定しているのが「評価」です。後の章でも詳しく書きますが、本来子どもたちに学習改善を促すためのはずの評価が、子どもたちの意欲を削ぎ、学びの喜びを奪ってしまっている現実があります。

　さらに、そこに宿題が追い打ちをかけます。学習に「強制感」や「義務感」を伴わせ、本来学びによって生じる喜びや楽しさに強烈なブレーキをかけている側面が、宿題には存在します。

　ベネッセの調査では、勉強嫌いの理由の上位が、①勉強の内容が理解できなくなった、②テストの点数や成績が悪くなったこと、となっています。

　つまりは、「授業が分かる」ようになれば、勉強嫌いの第一の原因が解消されることにもなります。そして、分かるだけでなく「できる」ようになれば、第二の原因の評価における大きなウェイトを占めるテストにも好

影響をもたらすことは間違いありません。

　本章では、学習が苦手な子どもたちのために、まず基礎・基本である国語と算数で確実に力をつける学習方法を紹介していきます。

　もちろん、ここでも従来の指導に渦巻いていた「足並みバイアス」からの脱却を図ります。音読はこうしなければならない、計算はこうさせなければならない、と思い込んでいることによって、新たな指導法が試せないことは往々にしてあるからです。

　さらに言うなら、積もり重なった「足並みバイアス」によって、指導の時数が余計に増えてしまっている現状もあります。指導内容が年々増え、ただでさえ余剰時数が減ってきているところに、現在はコロナ禍によって指導の精選も迫られています。今後の状況を鑑みても、できる限りコンパクトな指導でかつ効果の高い指導が求められるのは言うまでもありません。

　単に指導方法を知るというよりも、そのベースとなる考えの部分において、「あっ確かにそう考えられるな」「これなら他のやり方も考えられそう」と思考の荷物を一つ二つと下ろせることにつながれば幸いです。

苦手が多い音読を変えよう！

　「教科書の音読」は授業中でも宿題でもよく行われている学習でしょう。しかし、これを「好き」と回答した男子は11.0％、女子は19.7％です（バンダイ調べ）。「嫌い」というわけではありませんが、子どもたちにとって負担になっている学習の一つでしょう。

　「繰り返し読むことで読む力が身につくし、物語の内容理解が深まる」——この意見には、きっと多くの人が「その通り」と頷くはずです。筋も通っていますし、一見反論の余地のない内容に思えます。

　しかし、「繰り返し読む」ことは「手段」です。方法の一つにすぎません。読む力を身につけ、理解を深めることが「目的」ならば、やり方は他にいくらでもあるはずです。

　一方、教育現場では「丁寧に時間をかけて行うこと」に大きな価値があると信じられている風潮があります。そのため、学習内容の思い切った効率化や圧縮ができにくいのです。

　繰り返し読んで、登場人物を一人ひとり確認し、場面ごとにどんなことがあったかをまとめ、それぞれの気持ちを詳しく想像していく……。はるか昔から、物語学習の定番として全国的に広く見られる指導法です。

　このやり方に、意味がないとは言いません。しかし、やり方を工夫して、同等の価値やそれ以上の学びが生まれるのならば、それを選択することにためらう必要はないはずです。「時間をかけることに意味がある」という一つの価値観がいつしか目的化してしまい、指導のスリム化を行えなくなっている事例は山とあります。

　洗濯機の存在に目もくれず、必死に洗濯板とたらいで服を洗い続けるような例が多数存在するのは、日本の教育現場の一つの特徴です。

　目的を達成するためのより良い方法があるのなら、どんどん取り入れ、よりよく変わっていくための選択をしていく必要があります。

「音読を変える」ステップ 1　物語全体を読むのは1回でよい

　誤解を恐れずに書きますが、「1回」の読みで話の大筋は分かります。読み聞かせや紙芝居がいい例です。たった1回でも「面白かった〜！」と子どもたちから反応があるのは、話を理解している証拠です。むしろ、何度も何度も同じ話を読み続けることに苦痛を感じる子たちがいることにも目を向ける必要があります。

　「物語全体を読むのは1回」とすることで、かえってその時間が貴重なものとなり、子どもたちの集中力も高まることも期待できます。その上で、例えば「音読力」を伸ばしたいのならば、別の方法をとればいいのです。

「音読を変える」ステップ 2　音読練習は時間と内容を限定して

　音読とは、「視覚情報（文字情報）のインプット＋音声情報のアウトプット」の繰り返しです。

　同じことを繰り返すわけですから、この技能の練習をするのならば、課題を「限定」して「繰り返す」方が上達は早いです。毎回全文を通読する必要はありません。

　例えば、物語の中で「冒頭部分」や「最も長い一文」、「難解な語句が含まれる形式段落」など特に読みの練習させたい箇所を抽出します。そして、その箇所だけを練習させます。練習時間は○分などとして、その後一人ずつテストで個別評定してもよいでしょう。

　「10点満点の音読テストをします。声量、姿勢、滑らかさの三つで見ます。練習時間は1分です。はじめ！」のように伝えます（短い文なら、全員がテストを受けても5分かかりません）。

　練習時間が限定され、読む箇所も限定され、挑戦する目標が確定されると、子どもたちの音読練習にはやる気の火が灯ります。

　他にも「タイムアタック方式」もおすすめです。「15秒間」で読めた文字数を毎回記録させる方法です。私はたいてい冒頭から読み始めさせます。ヨーイドンで読み始め、15秒たったところで読みをストップ。自分がどこまで読めたかを赤鉛筆でチェックさせます。

チェックのやり方は、「①線を引き」、「②日付と文字数を書く」、たったこれだけです。これは、国語の時間だけでなく隙間時間や家庭学習などでも活用が可能です。教科書とタイマーさえあれば、いつでもどこでも計測可能だからです。

　読めば読むほど記録は伸びていきますから子どもたちは燃えます。

　そして、この時、各学年の「基準」も示しておくとよいでしょう。「○年生なら、○文字読めたら合格だよ」と教えてあげると、目標が立てやすく、さらに自分の現在の音読力を測るものさしにもなります。

　ちなみに、以前に勤めていた学校では、「重点目標」として各教科・各学年で、最低限ここまでは到達しましょうという目標を定めていました。この実践は、熊本県の海浦小学校での「必達目標」の実践を参考にして前任校である天理小学校において全校で導入した取組みです。参考までに、次ページに国語の内容を以下に紹介します。

　こうした、最低限どの子にも身につけさせたい目標を一つの基準として挙げれば、必要以上に何度も音読をして闇雲に練習させずとも、一定の力が身についているかがはっきり分かります。

　なお、先に紹介した15秒間のタイムアタック練習では、記録を4倍すれば1分間の大体の記録が分かります。4年生ならば、「1分間で300文字」の音読が目標ですから、「15秒間ならば75文字」が目標となります。

　目標となる基準を示すことで、子どもたちのやる気はさらに倍増します。

天理小学校の「必達目標」

1年	① 新出漢字（80字）が9割以上（72字）書ける ② 30秒間に130字以上文章を読める ③ 10の詩・短歌・俳句の暗唱ができる ④ 10分間に100字以上視写ができる ⑤ 鉛筆を正しく持つことができる ⑥ ひらがな、カタカナが9割以上（42字）書ける
2年	①新出漢字（160字）が9割以上（144字）書ける ②30秒間に140字以上文章を読める ③10の詩・短歌・俳句の暗唱ができる ④10分間に150字以上視写ができる
3年	①新出漢字（200字）が9割以上（180字）書ける ②1分間に300字以上文章を読める ③10の詩・短歌・俳句の暗唱ができる ④10分間に200字以上視写ができる ⑤ローマ字（五十音）が9割以上（42字）書ける
4年	①新出漢字（200字）が9割以上（180字）書ける ②1分間に300字以上文章を読める ③10の詩・短歌・俳句の暗唱ができる ④10分間に250字以上視写ができる ⑤30秒以内で辞書を引くことができる
5年	①新出漢字（185字）が9割以上（167字）書ける ②1分間に360字以上文章を読める ③10の詩・短歌・俳句の暗唱ができる ④10分間に300字以上視写ができる
6年	①新出漢字（181字）が9割以上（163字）書ける ②1分間に360字以上文章を読める ③10の詩・短歌・俳句の暗唱ができる ④10分間に350字以上視写ができる

3 「読むこと」は分かりやすい視点を与える

　１回の範読で大筋を理解させ、課題を限定して音読力を鍛える。

　これだけでも相当な指導のスリム化が図れます。とは言え、「内容の解釈」や「自分の考えの形成」を行うことも学習内容に含まれているため、これで終わりとはいきません。では、どのようにして内容理解を深めるか。

「読むことの視点」ステップ１　中心は「変化」を問うこと

　そのためにはまず、物語の基本構造を知っておかねばなりません。

　行って、帰る。

　これは、物語の基本構造である。

　仲間と共に鬼退治をして帰ってきた「桃太郎」。

　空を求め再び地へと降り立った「ラピュタ」。

　宇宙に向かい最後まで生還を目指した「アルマゲドン」。

　日常世界の「こちら側」にいる主人公は、ある境界線を越えて不安定な「向こう側」に行き、再び安息の地に戻ってくる。

　物語の基本構造である。

　なぜ、主人公は旅立つのか。

　それは、不確定な非日常の世界で成長や変化がもたらされるからだ。

　そして、ともすれば当たり前の様に存在する日常の価値を再発見するのだろう。　　　　　　　　　　　　　（雑誌に寄稿した拙文より）

　物語の基本構造は、「往復」です。日常→非日常→日常という形で、何らかの出来事（事件）を経験し、あるいは乗り越えて、普段に戻ってくるという形式が基本となっています。

　「モチモチの木」では、じさまとの生活から話が始まり、臆病な豆太が夜道を走って医者を呼びに行く（非日常）場面があり、再びじさまとの生活に話が戻ります。

「大造じいさんとガン」では、大造じいさんが残雪との幾度もの格闘を経て、再び対決前の状況に戻ります。

　話の最後は、置かれた状況としては物語の冒頭と同じです。

　しかし、物語の途中で内面的な「変化」が起きたことにより、日常の過ごし方や物事のとらえ方は変わっています。

　この「変化」にこそ、作者の伝えたい「主題」が込められています。物語の基本構造をこのようにとらえるなら、読んだ後に問う内容もシンプルでかまわないはずです。

「豆太が変わったのはどこですか？」

「大造じいさんの考えが変わった文を見つけなさい」

　すると、答えは複数出てくるはずです。その中で、「一番変わったところは？」「ガラリと変わった一文を選ぶとしたら？」と問えば論争が起きます。

　「大造じいさんとガン」ならば、大きく次の二つの意見が出てきます（意見は最初いくつも出てきますが、「この中で違うと思うものはどれですか？」と問うと自然と意見が絞られていきます）。

①　が、なんと思ったか、再びじゅうを下ろしてしまいました。
②　大造じいさんは、強く心を打たれて、ただの鳥に対しているような気がしませんでした。

　①の意見としては、「あれだけ狙い続けてきた残雪を撃たなかったということは、ここで大きく気持ちが変化したと思う」「残雪を倒すことしか考えていなかった大造じいさんがべつのことを考えるようになった」

　②との意見としては、「『強く心を打たれて』と書いているからここが一番の気持ちの変化が起きたと思う」「残雪をただの鳥と見れなくなったのは大きな変化」など意見が割れ、討論は白熱します。

　ちなみにこれは解釈なので、最終的に論争の決着をつける必要はありません。しかし、お互いの意見を交わし合うことで、解釈の在り方は個人で読みを行う時よりもグッと深まるでしょう。

　また、高学年ならば、主題を問うのもおすすめです。

　「作者はこの物語を通して一体何を伝えたいのか」と問えば、より物語の深い解釈に迫ることができます。

　基本構造が同じだからこそ、同様の問いを繰り返し投げかけることで、「変化はどこか」「主題は何か」ということを自然と意識しながら読むことができるようになっていきます。

　先の大造じいさんの例で言えば、クラスからは次のような主題が子どもたちから出されました。

　・人間は正々堂々生きることが大切だ。

　・本気でぶつかれば、分かり合うことができる。

　・大切なのは、仲間を思いやる心だ。

　・誰かのために生きる姿は美しい。

　同じ形式で問われれば、学習の見通しが立ちやすいだけでなく、学習の積み重ねによる相乗成果も期待できます。教材ごとに指導法を分けるのではなく、同じパターンで指導することで、教師もまた教材研究の時間が効率的になっていくでしょう。

　ただし、物語の中には先述の基本的な描き方ではなく、「変則的」な描き方をしているものがあります。代表例で言えば、光村・6年生教科書に載っている「やまなし」です。

　この物語は、「日常→非日常→日常」の基本構造を当てはめにくく、教科書に登場する作品としてはかなり異質な描き方をしています。読み解くためには、それなりの「読解のものさし」が必要です。

　そうした場合は、いきなり作品に突入するのではなく、あらかじめ読み解くためのものさしを獲得してから学習に入ることにしています。

　「やまなし」で言えば、カギとなるものさしは「色のイメージ」と「対比」です。

「ある晴れた春の朝でした。」これは、『大造じいさんとガン』における最後の場面、その冒頭の一文です。この文から読み取れる「イメージ」として、「爽やかさ」や「晴れやかさ」があるでしょう。対義の文となる「ある曇った冬の夜でした。」と比べると分かりやすいです。

このように、言葉や文が持つ「イメージ」や「語感」を使って、文学作品の内容を立体的に描写していく方法は、多くの物語に見受けられるテクニックです。

4年生の「ごんぎつね」。

5年生の「大造じいさんとガン」。

6年生の「やまなし」。

以上の作品にも共通して「色のイメージ」を用いた文章表現が見つかります。例えば、以下の文です。

○『ごんぎつね』

・墓地には、ひがん花が、赤いきれのようにさき続けていました。

・やがて、白い着物を着た葬列の者たちがやってくるのがちらちら見え始めました。

○『大造じいさんとガン』

・あかつきの光が、小屋の中にすがすがしく流れ込んできました。

・東の空が真っ赤に燃えて、朝がきました。

○『やまなし』

・にわかにぱっと明るくなり、日光の黄金は、夢のように水の中に降ってきました。

・そのかげは、黒く静かに底の光のあみの上をすべりました。

これらの色は、単に色彩の豊かさを表すものではありません。

色のイメージを用いて、登場人物の心情を描写し、イメージから派生する象徴的な概念を伝え、物語全体の根幹を成す「主題」を解く手がかりとするものでもあります。

特に「やまなし」における「色」の意味合いを探る上では、「色のイメージ」を予め学んでおく「布石」の指導が必要となります。

　そこで、目的に該当する教材を探しました。条件として考えたことは以下の3点です。

---

①詩や俳句などの短文である（長文はカリキュラムの都合上扱いにくい）。

②作品中に「色」が複数用いられる（できれば3色以上）。

③その「色」が対比的な意味合いを含んでいる（6年生で「やまなし」を教える上で必要である）。

　探した結果、3作品が候補として挙がりました。

①『からたちの花』（北原白秋）

②『水の匂い』（坂田寛夫）

③『レモン哀歌』（高村幸太郎）

　今回は、①の『からたちの花』の指導法について述べます。

---

①「からたちの花」　北原白秋

からたちの花が咲いたよ。
白い白い花が咲いたよ。

青い青い針のとげだよ。
からたちのとげはいたいよ。

からたちは畑の垣根よ。
いつもいつも通る道だよ。

からたちの秋はみのるよ。
まろいまろい金のたまだよ。

からたちのそばで泣いたよ。
みんなみんなやさしかったよ。

　まずは、作品を幾度か読み込み、その詩文の持つ語感に十分に触れさせます。追い読み、交代読み、タケノコ読み、一斉読みなど、バリエーションをつけて楽しく音読に取り組ませます。

　その上で、文中から「色」に該当する語句を列挙させます。

　花の「白」、とげの「青」、実の「金」があがるでしょう。その三つの中

から、反対の意味を成す2色を考えさせます。どのような意味で対比するのか、色が象徴している内容について問うわけです。

子どもたちからは、次のような意見が出てきました。

「喜び」「悲しみ」などの感情、「痛み」「柔らかさ」などの感覚、「生と死」などの概念、「別れと出会い」などの現象、「春夏秋冬」や「過去現在未来」、「始まりと終わり」などの時間的な尺度。

出てきた意見を全て認め、驚き、ノートに書かせます。この段階で解釈をありったけ広げておくことが大切です。

ひととおり解釈が出尽くしたところで、「この詩において最も重要な対比は何か」を問います。

「詩の中で季節が巡っているから、現在と過去が大切な対比だと思う」「植物の一生のお話だから、『生と死』が大切だ」

「色んな思い出を書いた詩だと思うから、『別れと出会い』が重要だと思います」

重要な対比について考える中で、自然と子どもたちは作品全体のメッセージに迫っていきます。

最後に、この詩文の主題を考えさせます。色のイメージや対比をもとにして主題文を書くことができれば、やまなしの布石としては高い価値を持つ指導ができたと言えるでしょう。なぜなら、やまなしにおいても同様に色のイメージや対比をもとにして、同様の授業展開が可能だからです。

以下、その時の単元構成及び本時案を示します。

○ 単元構成（2時間）

| 第1時 | 音読及び基本設定や語句の確認 |
| 第2時 | 色のイメージ、対比、主題を問う |

○ 第2時の展開（略案）

学習活動	発問及び指示	備考
1．文に登場する色を見つける。（2分）	1．幾つかの色が出てきます。全て書き出しなさい。	1．詩の提示→指名発表
2．色の対比を考える。（15分）	2．ある色とある色が反対の意味を表しています。それは、どれとどれですか。 2 どのような意味で対比していますか。ノートに1つ書けたら持ってきなさい。	2．ノートチェックを行い、対比している色と意味を板書する。
3．最も重要な対比を考える。（20分）	3．この中で、最も重要な対比はどれですか。理由と合わせてノートに書きなさい。	3．必要に応じて、ペアトークやミニ討論を行い、互いの考えを交流させる。
4．主題を考える。（3分）	4．この作品の主題は何ですか。一行で書きなさい。	
5．感想文を書く。（5分）	5．感想文を書きなさい。	

4 作文指導の「足並みバイアス」を断捨離する

　小学生の二人に一人が「作文嫌い」です（小学館調べ）。これは通信学習を受講している子どもへのアンケートですから、比較的学習意欲が高い子どもたちが対象と考えられます。小学生全体となると、「作文嫌い」の割合はもっと高くなるでしょう。

　この調査では保護者にもアンケートをとっています。

「作文学習の指導時間は不十分」と感じている保護者は何％でしょうか？

　答えは65％で、過半数の保護者が不十分だと考えています。このデータは、保護者の方が「子どもたちが学校で作文を書けるようになっていない」と考えていると読み取ることができます。

　これらの事実からも、勉強嫌いを脱却するには作文指導の改善が大きいことが考えられます。

　しかしながら、学校現場には未だに作文指導に関する根強い「足並みバイアス」が存在します。その生産性の低い思い込みを断捨離することが効果的な作文指導を行う上で重要だと考えています。

「作文の指導改善」ステップ 1　まずは「型」から始めよう

　学級通信を日刊で出すようになって今年で15年目を迎えます。

　今まで発行してきた学級通信は通算5000枚以上。通信のデータ量だけで10ギガ以上を超えています。

　さぞ文章を書くのが好きな人間だと思われるかもしれませんが、はっきり言って文章を書くこと自体はいまだに苦手分野です。胸を張って「大好きです！」と言える分野ではとうていありません（スポーツや音楽なら言えるのですが…）。これは、小学生の頃からそうです。

「今日は作文を書きます」との言葉を聞くだけでがっくりとなったのを覚えています。勉強はわりと好きな方でしたが、作文だけは大嫌いな小学生でした。

これは、私だけのことではありません。作文嫌いの子どもは、現代でも大勢います。その原因のほとんどは、教師の指導にあると思っています。

子どもの頃、「思ったことを自由に書きなさい」とよく言われました。

言葉づらは大変やさしいですが、書けない子にとってこれほど苦痛な指示はありません。書き出しの数行すら書けないまま、１時間が過ぎてしまうこともよくありました。

勉強でもスポーツでも音楽でもそうですが、最初は「型」を知ることが大切です。どんな習い事であっても、最初は上級者の人から基礎をやさしく教えてもらいます。

水泳なら、息つぎやバタ足の正しいやり方を練習します。

楽器なら、教則本にならって音階などの練習をします。

習字などは、初めはお手本を写すことに全精力を注ぎます。

作文も同じです。基礎となるべき「型」を学んでから、初めて自分自身の色が出てくる、つまり型を破れるようになっていくのです。

型破りの代表格に「ピカソ」がいますが、彼も最初から型破りだったわけではありません。絵を描き始めた頃は、まるで写真のような精細な絵ばかりでした。そのようにして型を学んだ基礎があるからこそ『ゲルニカ』や『泣く女』などの名作が生まれたのでしょう。

「作文の指導改善」ステップ 2　なぞらせてよい　写させてよい

現在も、作文と言えば「自分で考えて一から書かねばならない」と思っている大人は大勢います。大人がそう思っているのですから、子どもたちもそう思っています。

今年担任しているクラスで次のことを尋ねてみました。

「お手本を丸々写すのはよくないと思っている人？」

なんと、全員が手を挙げました。とんでもない誤解です。

昔から日本人は「読書百遍義自ずから見る」と言って、わけが分からない文章を書き写し、諳んじる中で知を磨いてきました。学習の入門期である小学校ならなおさらです。今回のコロナ禍を受けてというよりも、小学

校の作文指導の中心は、「視写」がよいと思っています。

　「優れたお手本を写すことにしっかりと力を注ぐ」、これです。

　その上で、先に紹介した「重点目標」のように、「○年生なら10分で○文字」のように基準を示し、書く力を磨いていけばよいのです。

　「自分で思ったことを書きなさい」という指導は、入門期の指導としてはあまりに高度すぎます。また、一人で学習に没頭できる視写は、現在のウィズコロナの生活様式の中で大きな力を発揮します。

　そうした見通しのもと、今年度担当している学年では視写教材を年度初めに全クラスで購入しました。このお手本は教科書の教材でもいいですし、それ以外でもかまいませんし、子どもたちに選ばせるのも面白いでしょう。図書室にある本は基本的に全てプロが書いている作品なので、見て写す中だけで文章力はどんどん高まります。言葉の紡ぎ方、文章の構成の仕方、豊かな語彙力、多彩な比喩…。教師が指導せずとも、子どもたちは繰り返し文章を写し取る中で自然とこうしたことを学んでいきます。

　また、お手本の文章を作文用紙に薄く印刷し、それをなぞらせる方法もおすすめです。これは、家庭学習にも使えるでしょう。渡辺学級では、重松清の「おとうと」、児童文学として有名な「チョコレート戦争」、吉野源三郎の「君たちはどう生きるか」などをなぞらせています。

「作文の指導改善」ステップ 3　お手本を少しずつ変化させる

　とはいえ、お手本を写すだけでなく、自分の力でトライさせたいと思う先生方も多いはずです。その時は、自分でアウトプットする量を徐々に増やしていくように指導を組み立てるのがおすすめです。

　例えば、作文の「アウトラインシステム」は、文章の骨格を決め、そこに自分の言葉を当てはめていく方法です。

> 「大人と子ども、どちらが得か。私は○○の方が得だと考える。理由は○つある。第一に〜〜だからだ。第二に〜〜だからだ。第三に〜〜だからだ。……以上の理由から、私は○○の方が得だと考える」

○○や〜〜に自分の考えを当てはめていくだけで、スムーズに文章を構成していくことができます。アウトラインシステムについては多数先行実践が存在するので、調べてみるとよいでしょう。

　このように、いきなり手放しで「自分で考えて書いてごらん」ではなく、少しずつ子どもたちが自分でアウトプットする量を増やしていくように指導すればいいのです。つまり、
①お手本をそっくりそのまま写す
②お手本を少しずつ変化させる
③自分で文章を書いてみる
という指導手順です。

　この手順で言うと、「書き出しの指導」も非常におすすめです。文章とは、自分の思考を文字としてアウトプットすることの繰り返しです。繰り返しの作業だからこそ、一部を磨けば全部が変わります。

「作文の指導改善」ステップ4 「書き出し」の指導の実際

　「書き出し」を一つの「文章技術」としてとらえるなら、きちんと練習する必要があると思っています。

　そこで、次のような指導をしました。

①　書き出し集め
　図書館に、メモ用紙と筆箱を持って集合した後、「ここには、プロの書き出しが山のように眠っています。ノートにできるだけたくさん写してごらんなさい」と言いました。

　この指示で、一斉に子どもたちは動き始めました。
「これすごい！」「面白いのを見つけた！」などと言いながら、どの子も喜々として書き出しを写しています。

　ノートに10個集めた後、教室に戻り、お気に入りを黒板に一つずつ書きました。
「このプロの書き出しを、修学旅行の作文でぜひ使ってごらんなさい。多

少へんてこな文章になっても全くかまいません」と伝えます。

　子どもたちの書き出しは、少しずつ変貌を遂げ始めます。

②　「型」の分類

　次に書き出しの「型」の分類を教えていきます。細かく教えればいくらでも「型」はありますが、今回は九つに限定しました（⑥まで私が示し、残りの三つは子どもたちが導き出しました）。

　　①　音や声を書く（「　」を使う）

　　②　気持ちや考えを書く

　　③　様子を書く

　　④　行動を書く

　　⑤　季節を書く

　　⑥　思い出を書く

　　⑦　比喩を書く

　　⑧　触覚を書く

　　⑨　問いを書く

　それぞれに例文を示しました。

---

①　「おはよう！」　後ろから、突然声がした。

　　・この書き出しは今まで使ったことがある子も多くいました。

②　心の中のドキドキは、何度深呼吸してもとまらなかった……。

③　光差す窓辺に、私の大好きなコスモスが生けられていた。

　　・子どもたちが集めた書き出しは、このパターンが多くありました。子どもたちも心惹かれたのでしょう。

④　山田君は、突然走り出した。

　　・先の展開が気になります。つまり読み手を引きつけるのです。これの全てを丁寧に説明してしまっているケースもあります。そ

れでは読み手の想像はかき立てられません。

⑤　お鍋が美味しい季節になっていた。

⑥　ずーっと前〜、僕は水泳が苦手だった。

⑦　ロケットのような勢いで、お風呂に飛び込んだ。

⑧　スベスベとした手触りがたまわない。

⑨　これほど素晴らしい景色を、過去に見たことがあっただろうか。

　こうした書き出しのパターンを教えたことにより、「今日は〜」「ぼくは〜」「私は〜」とは全く違った書き出しが続々登場しました。さらに書き出しに引っ張られるように、文章全体の中身もグッと知的になってきます。

　細部にこだわると、全体が変わるのです。

　同様に「書き終わり」「タイトル」など、局面を限定して練習を積むことで、作文力は格段に伸びていきます。

5 算数の学習を変える

　小学生の好きな教科の第一位は「算数」です。

　それでは嫌いな教科の第一位は何でしょうか？

　答えは「算数」です。（学研調べ）

　この調査を行った学研によると7年連続で、好きな教科、嫌いな教科が共に「算数」でした。

　できる・できないがはっきり分かれるのが「算数」で、できる子は好きだが、できない子は嫌い、ということを示すデータであることを読み取ることができます。

　ここで問題となるのは、算数嫌いの子どもたちです。好きな子たちはこれほどまでに好んでいる算数、嫌う子たちは何が原因でこの学びから離れていくのでしょうか。

　もちろん、「分からない」「できない」授業が大きな課題であることは間違いありません。その「分からない」「できない」を量産する背景にも、教育現場の「足並みバイアス」が関係しています。

最も圧縮しにくい算数

　現在求められている学習内容の「圧縮」「効率化」において、最も難しい教科の一つが算数です。

　その理由は明確です。算数が、「積み上げ型」の教科だからです。例えば、数学を例に取ると、以下のブロック図のような関係が成り立ちます。下層のブロックが積み上げられていなければ、上層の内容は獲得することができません。削っていいブロックがほとんど存在しないため、圧縮や効率化が難しいので

比例
反比例　　空間図形

方程式　　平面図形

文字の式

正の数・負の数

す。

　ある学習サイトにとても分かりやすい図があったので引用します。
※（http://www.s-lab-tomita.com/cont/column/no32tumi.html）

　積み上げ型の教科に対して、もう一つのカテゴリーは独立型の教科です。
理科を例にとりましょう。

　単元の名前を見てもそうですが、それぞれの関連性はよく分かりません。
　こうした科目を「独立型」といいます。独立型教科は、教科書によって、
単元の並びが違います。さらに、学校によっても取り組む順番が違います。
以前学習した内容を覚えてなくても、単元が変われば、全員0からスター
トすることが可能だからです。
　算数の圧縮の難しさは、ここにあります。積み上げ型教科だからこそ、
並び替えや選択・削減ができないのです。内容の選択・削減がしにくいか
らこそ、短時間でも指導を可能にするためには、「教え方」を工夫する必
要があります。

「算数の指導改善」ステップ1　「話し合い中心」から「習得中心」へ

　小学校の算数は、多くの場台「話し合い」に依拠した単元構成になって
います。教え方の上でも、子どもたちに一問の問題の解き方を考えさせる
指導法が主流であるところも少なくありません。

　しかし、話し合わせたり議論させたりすることを授業の中心に据えると、
時間は膨大にかかります。さらに言えば、こうした学習作業は学習内容の

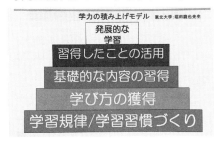

「習得」がなければ成り立ちにく
い高度な学習でもあります。以下
は、中教審で新学習指導要領の編
成にも関わった東北大学の堀田達
也教授の「学びの積み上げモデ
ル」です。

学び方を獲得し、基礎的な内容を習得していなければ、高度な「活用」の学習は成立が難しいです。特に義務教育段階においては、学び方や基礎的な内容の習得こそが重要であることは疑いようがありません。土台がなければ、上位概念の積み上げはなされていかないからです。

　なお、先の堀田氏は、小学校段階では「授業の8割が習得でよい」とも述べています（チエルマガジン2016より）。

　今回の新学習指導要領においても、「何を教えるか」ではなく、「何ができるようになるか」を重視して教えることになっています。

　例えば、「小数のかけ算」の単元で、「何ができるようになればよいのか」突き詰めて考えれば、すぐに答えは出ます。「小数のかけ算が計算できる」、これです。

　計算の仕組みや解き方のあれこれについて議論する学習に意味がないとは言いません。しかし、一層の圧縮・効率化が求められている状況の中、新学習指導要領でも「何ができるようになるか」を重視されている中においては、指導する我々が「絶対にここだけはできるようにしてあげたい」と指導の中心を吟味し、明確にする必要があると思うのです。

　「話し合い中心」から「習得中心」に指導方針を切り替えていくことで、算数指導においても大きな効率化や定着度の上昇が実現できます。

「算数の指導改善」ステップ2　技能を定着し、できない部分に繰り返し力を注ぐ

　私は11年間いた私立小学校から3年前に公立小学校へ異動しました。

　公立に移って最も驚いたのが、この算数の指導法でした。

　私立時代に先輩から学んだ教え方は、まさに「習得中心」の方法でした。

　一方、公立に来てから見た授業は全て、「話し合い中心」の方法でした。

　両者は、本当に同じ日本の学校なのかというくらい教え方が違いました。

　私は、公立小学校に来てから何度も次のことを授業検討の場で発言しました。

・教科書は例題→類題→練習問題の順になっている。この「順序」には大切な意味があるので、安易に問題を飛ばすのはよくない。

・算数は技能教科なので、一定量の練習がいる。「分かる」状態で終わるのではなく「できる」まで練習して初めて「習得」となる。

　いずれも、私立小学校時代に先輩教師から学んだ内容です。

　公立に来てから見た算数授業の多くは、教科書の問題を全てやりませんでした。むしろ問題の多くを省き、精選した数問について「話し合い」をさせるスタイルでした。

　また、「習得」段階まで到達しない風景も多く見ました。授業の中で一定の「分かる」は実現されているのですが、そこから全員が「できる」ようになるまでの習得場面が設けられていないのです。

　先の「話し合い中心から習得中心へ」を実現するにあたっては、この教え方の部分を大きく見直す必要があると感じています。

　先の小数のかけ算の例で言うなら、まずは全員に**計算の「技」を身につけるのが最優先事項**です。「何ができるようになるか」の一丁目一番地なのですから。その「技能」を身につけさせるためには、先の教科書の配列に沿って進めながら、できない部分に繰り返し力を注ぐ「仕組み」を作る必要があります。

　次章「宿題」の項で詳しく述べますが、私は向山洋一氏の「教科書・ノートチェックシステム」を採用して、「できた問題」と「できなかった問題」を分け、「できなかった問題」に繰り返し取り組むように授業を組み立てています。

　第一優先は、技を習得させること。

　そのために、できない問題に繰り返し挑戦する仕組みを作ること。

この２点が、圧縮・効率化に加え、子どもたちの定着度を上げる上で重要だと考えています。

「算数の指導改善」ステップ 3　お助け教材はどんどん使わせよう

　例えば、「小数の割り算」を学習する際。

　当然算数は積み上げ型ですから、かけ算の九九や、かけ算の筆算、二位数÷一位数の割り算、割り算の筆算等ができていなければ、該当単元の内

容を習得することができません。

　一方、計算指導によく見られる思い込みの筆頭は、「常に一から自分で計算せねばならない」という思い込みです。小数の割り算を学習する時であっても、かけ算九九や、二位数÷一位数の割り算も全て「自力解決」を求めるパターンがほとんどなのです。

　しかし、単元の目標はあくまで「小数の割り算」を習得することです。かけ算九九や、割り算の基礎を習得するのが目標ではありません。だからこそ、該当単元の目標に直接的に関連していない下層の学習概念については、お助け教材をどんどん活用させてかまわないというある種の「割り切り」が必要になってきます。

　もっと言えば、下の学年の学習内容を積み上げられずに上の学年に上がってくる子たちはたくさんいます。その子たちはすでに学習面での遅れがあるにもかかわらず、新しい学習単元の中で、まだ獲得しきっていない学習内容を使って解くことを求められるわけです。学力に難しさを抱える子たちがますます内容を習得していくことが困難な状況になっていく負のループが始まる瞬間です。

　私は、4年生以上であれば、以下の九九カードと割り算表を表裏印刷にしてラミネート加工し、全員に配付します。そして、いつでも使ってよいこととします。テストの最中もです。なぜなら、小数の割り算のテストは、かけ算九九の習得状況を図るものではないからです。

　このカードは、子どもたち全員に大好評です。とりわけ、算数に苦手意識を持っている子たちが目を輝かせます。無料でダウンロードできるサイ

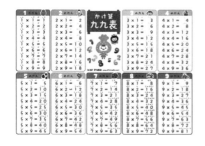
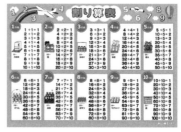

トがすでに複数ありますので、算数の学習に今すぐ導入することをおすすめします。

「算数の指導改善」ステップ 4 　操作を伴う学習はループ再生＆個別指導で

　三角定規、分度器、コンパスなど、算数には操作を伴う学習が一定の割合で必ず登場します。

　この学習内容は、時間差が大きく生まれる単元でもあります。
特別に支援を要する子どもたちの多くは、手先に生来の不器用さを抱えている子も多く、実演しても、手取り足取り教えても、数回の指導ではなかなか理解できないことが多いです。

　その時は、映像資料やアニメーション資料のループ再生がおすすめです。例えば、「垂直な線の引き方」を教える際。教師が模範となる書き方を映像にとっておき、それを「ループ再生」で流すだけで、子どもたちはお手本を真似て作図の仕方を学べます。

　その上で、さらに道具の操作に難しさがある子たちのところに教師が個別指導で当たるようにすれば、指導にかかる手間や時間は最短ですみます。チョークアンドトークで何度も繰り返し説明するより、一度の説明＆ループ再生の方がはるかに生産性が高く、かつ丁寧な個別指導も可能になります。

　すでに、学習用のアニメーション資料やデジタル教材を持っている場合は、そちらも同じくループ再生などをかけつつ、必要に応じて個別指導を図ることで、時短と効率化が進んでいくでしょう。

「算数の指導改善」ステップ 5 　知識記憶から経験記憶へ

「習ったことを家で話す子は賢くなる」

　これについて、セミナーや研修会等でお話させていただくことがあります。習ったことをお家の人や友だちに話している子は、自然と賢くなっていくのは、多くの教師が感じている経験則でもあるでしょう。ここには、人間の記憶の仕組みが関係しています。

記憶には、「知識記憶」「経験記憶」「方法記憶」の３種類があります。

　「**知識記憶**」とは、何かきっかけがないと思い出せない記憶のことです。学習で覚えることは、ほとんどがこれに当たります。

　例えば、「小数のかけ算は、全ての数を整数に直してから計算する」「日本海側は季節風の影響で雪が多く降る」などの知識がそうです。

　知識記憶は、最も忘れやすい記憶なので、時間がたてばよほどのことがない限り頭の中から消え去ってしまいます（１日たてば約７割以上が消えていきます）。

　「**経験記憶**」とは、自分の過去の体験が絡んだ記憶のことです。エピソード記憶とも言います。

　例えば、お母さんと散歩をしていて「あっ、つくしが出ているね」と話した体験の中で「つくし」という植物を覚えた記憶などを言います。

　経験記憶は、思い出や感情とセットで記憶されるため、知識記憶よりも強い記憶として頭の中に残ります。

　当然、記憶として残る時間も長く、エピソードによっては一生覚えている場合もあります。

　最後に「**方法記憶**」とは、箸の持ち方や自転車の乗り方など、簡単に言うと体で覚える記憶のことです。作業記憶とも言い、最も忘れにくい記憶だとされています。

　さて、人間の脳は覚えるより忘れる方が得意だと言われています。

　脳には、約1000億個の神経細胞がありますが、もし目にしたもの聞いたもの全てを記憶したら、５分以内に限界に達してしまうそうです。

　ですから、そうならないためにほとんどの情報は記憶しないで消されるのです。つまり、今この文章を読んでいる間にも、無意識のうちにどんどん情報が忘れさられています。「２日前の晩御飯のメニューは？」と聞かれても、おそらく大方の人はすぐに答えられないでしょう。これも、脳が限界に達してショートしないように「忘れる」働きをしてくれているから

です。

　先に書いた「知識記憶」もそうです。放っておけば、忘れて当たり前。

　だから、学校では定期的に復習をしたり、テストをしたりして頭にきちんと収まっているかを確かめるわけです。

　ところがこの習ったことを、誰かに話すとどうなるか。

　（子）「今日ね、こんなことを勉強して、こんなことが分かったんだよ」

　（親）「へ〜そうなの！すごいねぇ」

　誰かに話して勉強の内容が整理されるだけでなく、単なる知識記憶が「お家の人に話して褒められた」という思い出とセットになって記憶されるわけです。

　つまりは、知識記憶の経験記憶化です。ですから、習ったことを話す子は自然と勉強した内容がすんなりと身についていきます。そして、できればそこに「成功体験」があれば言うことなしです。「できた！」と喜ぶことは、自分にとってこれ以上ないほど嬉しい「思い出」であり、強い「感情」だからです。ますます記憶を強化してくれます。

　これを学習に転用しない手はありません。毎回の学習に何らかのプラスの感情がセットになるように授業を組み立てるのです。

　そのためには、教師や周りからの賞賛や激励がカギとなります。中でも最も大切なのは次のことでしょう。

教師が、毎回の算数の授業で全員のノートに○をつけてあげる。

　1時間の授業の中で、先生に力強く褒めてもらいながらもらった○ほど子どもたちにとって嬉しいことはありません。1回の授業の中に定期的にノートチェックを行う場面を作り、最低一人1回以上は○をもらえるように組み立てることは、記憶の強化という点でも、多くの算数好きを生むという点でも極めて効果の高いことだと思います。

「算数の指導改善」ステップ6　知識記憶から方法記憶へ

　今年から同じ学校で勤務している二人の初任者の先生が、コロナ休校明けの間もない頃に授業見学に来ました。放課後まくしたてるように話して

くれた感想の中でも、とりわけ驚いた様子で伝えてくれた内容があります。

「『しゃべりながら計算してごらん』って言ってたのがものすごく納得しました。僕も自分一人で勉強している時って自然と呟きながらやっているなぁって。そうすることで、理解も進むし、できない子にとっても手掛かりが増えていくんじゃないかなぁと思って、とても勉強になりました」

私は、計算方法であっても学習道具の操作方法であっても、習った内容は基本的に呟かせながら解かせます。

例えば、今年度、分度器の使い方を教えた時。次のような問答を毎回繰り返して行いました。

（教師）「最初に何をしますか」

（子ども）「中心を合わせます」

（教師）「次に何をしますか」

（子ども）「0度の線を合わせます」

（教師）「次に何をしますか」

（子ども）「0度から数えます」

「ツー」と言えば「カー」のように、子どもたちは何度も私との応答を繰り返し、そして自分一人でも呟き続けた結果、全員がこの手順を覚えました。今でも、分度器を持って「最初に何をしますか」と問えば「中心を合わせます」とすぐさま全員から答えが返ってきます。

つまり、何度も唱え何度も応答を繰り返した内容は、一定値を超えると「方法記憶」へと昇華するのです。内容は覚えていなくても、方法を覚えているので体が反応するのです。

また、人間には利き腕があるのと同じように「利き感覚」があります。大きく分けると、視覚優位か、聴覚優位か、体感覚優位かに分けられます。得意な感覚は、聴き手と同じように扱いがスムーズです。情報が他の感覚よりもスムーズに入ってくるということです。よく、計算する時「静かに集中してやりなさい」という指導が見られますが、聴覚優位の子にとってみればこれはかなり厳しい場面だと言えるでしょう。しかし、「見て、唱えて、書く」というこの三つがセットになるならば、全ての感覚を網羅し

て授業を進めていくことができます。どの子にとっても学びやすい環境を作り出す上からも、計算手順や操作手順は覚えるぐらいまで応答し、唱え続けることをおすすめします。

　なお、これらの算数指導は主に「向山型算数」と呼ばれる指導法を参考にしました。この指導法については、多数著作が出ていますので、詳しくはそちらをごらんください。

　ちなみに、今年度学年がスタートした時の到達度テストで０点だったある児童は、これらの一連の指導法の中で、足し算引き算ができるようになり、かけ算割り算もできるようになり、単元テストで満点近くを取るぐらいにまで成長しました。算数の時間の度に机に突っ伏していた子が、今では毎時間熱心にノートを取るようにまでなりました。

　その子が、１学期のある日、クラスで一番最初に計算問題を解いて黒板に代表で答えを書いた日がありました。クラスのみんなに向かってその子は答えの方法を説明し、みごと正解。教室からは盛大な拍手が起きました。クラスの仲間も、その子の変化と成長をはっきりと感じ取っていたようです。コロナ禍において時短・精選が求められる中においても、こうした事実を紡ぐことができたのは、ここまで書いてきたように従来の指導法に見られる非生産的な「足並みバイアス」を脱却することができたからだと考えています。

6 1時間に一つの教科を 教えなくていい

　授業の扱い方についても触れておきます。現在ぜひとも取り組みたいの
が、「**合科的指導**」の考え方です。すでに、モジュール学習を活用して、
1時間の中に複数の教科を合わせて実施しているところもあることと思い
ます。

　柔軟に教科を組み合わせたり、横断的に扱う中で「圧縮化」と「豊かな
学び」を実現させる方法もあります。

　4年生で発行した学級通信から抜粋します。

（2017年度学級通信「新喜録」第19号4月14日発行より抜粋）

　授業参観後、他の先生に尋ねられました。

　「今日は何の教科の授業をしたんですか？」と。

　そのまま答えました。

　「社会と算数と図工と道徳です」と。

　「あっ、最後に百人一首もしました」も付け加えました。

　「えっ」と少し怪訝な顔をされましたが、実際に行った授業に嘘はつけ
ません。

　最初の授業参観は、「勉強のコツを知ろう」というシリーズで、複数の
教科の授業を行いました。

　地図記号の由来を通して「深く調べよう」。

　算数の難問を通して、「何度も×をもらおう」。

　それぞれのコツを伝えながら、テンポよく授業を進めていきました。

　第三部、図工の部分から紹介します。

　最初に、次の絵を見せました。

　「何歳の人が描いた絵でしょう」

「2歳です！」

「4歳です！」

「3歳です！」
正解は、3歳です。
私の娘が書いた、私です。
（似てるでしょうか？？）
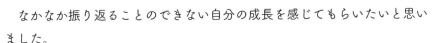
　みんな笑っていましたが、どの子もこうした段階を経て、今に至っています。

　なかなか振り返ることのできない自分の成長を感じてもらいたいと思いました。

「今日は特別にプロの絵も持ってきました」

　そう話して、次の作品を見せていきました。

「わーうまい！」

「すごっ！！」

と素晴らしい反応が返ってきました。

　勉強の「コツ」なので、当然ポイントを伝える必要があります。

「絵が上手になるコツは、『たくさん書くこと』です。なかなか思うような線が引けなかったり、上手く筆先が動かなかったとしても、何枚も何枚も書いているうちに絵は確実に上達してきます」

　続けて、今度は「字」を見せました。

「何歳の人が書いた字でしょう」

「2歳！」

「5歳です！」

「4歳です。」

数人に聞いた後、答えを告げます。

「この字を書いた人は、26歳です」

「なんで?」と言っている子もいます。

説明を加えていきました。

「この字を書いた人は星野富弘さんという方です。現在は詩人・画家として活躍中ですが、以前は別の仕事をしていました。(後略)」

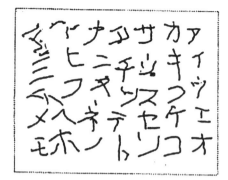

授業の詳細はフォレスタネット内(注)にアップするのでそちらをご参照ください。

※フォレスタネットにログイン後、ご覧いただけます

・URL:https://foresta.education/estanet/user/456573280/user-content

国語と算数と図工と道徳という4部構成の参観授業は、最終的に子どもたちから感嘆の声が起こり、保護者の方々が涙される形で幕となりました。

「45分」や「50分」に「一つの教科」を収めずともよいし、今年度はむしろそれが試しやすい条件が揃っています。

新教育課程では、学習指導要領の総則編にも「児童の実態等を考慮し、指導の効果を高めるため、児童の発達の段階や指導内容の関連性等を踏まえつつ、**合科的・関連的な指導**を進めること」と明記され、カリキュラム・マネジメントを進めることにもなっています。

形式・作法・環境の「ねばならない」を脱却し、授業を工夫していくことは教師と子ども両方にとって大きな喜びを生み出すことでしょう。

(注)

フォレスタネットは、全国の先生方が投稿された、指導案・授業実践や学級経営テクニック、業務の時短術が掲載されている、学校の先生のための「情報共有サイト」です。

登録・利用は全て無料で、日々の授業づくりに役立つ情報が満載です。私もたくさんの実践や学級通信を投稿しています。

・URL:https://foresta.education/

7 「真似び」のす〻め

　ここまで「読み書き算」にまつわる「足並みバイアス」を断捨離するための指導法や考え方について述べてきましたが、そのエッセンスを一言でいうならば、「学ぶのではなく、まずは真似ぼう」ということに尽きます。

　学習の入門期に当たる子どもたちに、教え方をたくさん工夫し、教材もあれこれ選別して与えることももちろん大切な意味があります。

しかし、特に手をかけずとも、一流のお手本を渡して「真似してごらん」「写してごらん」の方が、はるかに教育的効果が高い事例も多数存在します。

　時短・圧縮化が求められている現在の状況を鑑みた時、この「真似びのす〻め」を大いに活用することをおすすめします。

「教師が教えねばならない」という思い込みを乗り越え、「お手本から子どもたちが学び取る」という学習へのシフトを図っていきましょう。

　この「写す」「真似る」学習は、読み書き算に限らず、全ての教科に応用可能です。

　次頁に掲げたのは、渡辺学級の子どもたちの理科や社会や算数のノートです。

　その第一ステップは、歴代渡辺学級の先輩方のノートを見せ、「真似しなさい」が最初の指導です。

　それを続けるうちに、やり方を体得した子どもたちは次第に自分の色を出してより良いノートを作ろうと取り組み始めます。

　学ぶは、真似ぶが基本です。

　「全て教師が教えねばならない」という荷物はいったん下ろし、お手本を渡して子どもたちが学び取る学習を意図的に仕掛けていきましょう。

子どものノート

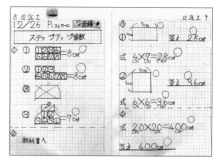

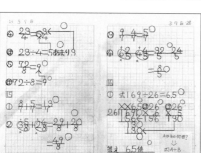

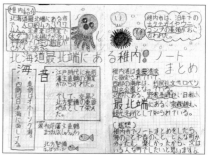

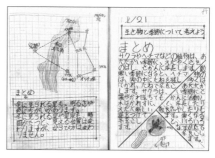

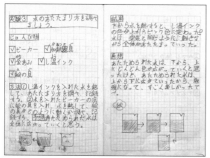

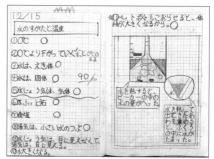

第**4**章

授業だけでない
「足並みバイアス」を
乗り越えた学習改善

1 家庭の子どもの事実に目を向けよう

　昨年、小学校1年生の息子を持つ京都の友人から相談を受けました。子どもが毎日大量の宿題を持って帰ってきており、それをこなすだけで1時間以上、場合によっては2時間ほどの時間がかかっているというのです。課題を終えるだけでへとへとになり、家庭でゆっくり過ごす時間すら取れないため担任の先生に相談しようと思っているが、それをどう伝えればよいかという相談でした。

　こうした相談は、実は色々なところから寄せられます。実際の授業とは直接的に関係ないところから、勉強嫌いを生んでしまう要素が学校には存在するという事実。ここにも、古くから信じ込まれている「足並みバイアス」が渦巻き、強く影響力を保持しています。

　「宿題は多ければ多いほどいい」

　「宿題をしないと成績が下がる」

　「宿題はみんなしなければいけないもの」

　こうしたことを今でも多くの人が思い込んでいることにより、「みんなでそこに合わせよう」というバイアスが発生して、たくさんの子どもや保護者を縛っています。

　そうした思考をどうやって乗り越え、子どもたちの事実を生み出していくのか、本章で述べていきます。

2 宿題に関する思考の縛りを解きほぐそう

　毎日宿題がある小学生は 94 ％（ベネッセ調査）です。ほとんどの子どもは、毎日何らかの宿題に取り組んでいます。

　宿題に関しては、近年教育界から様々な方の提言がなされるようになり、研究者によるエビデンスも出始めています。小中学生の宿題は成績向上に寄与するどころか効果がほとんど見られず、むしろ子どもに悪い影響を及ぼしているとの研究結果を耳にした時に、衝撃を覚えた方も少なくないのではないでしょうか（米デューク大学ハリス＝クーパー氏の研究より）。

　もちろん、一つの情報だけで宿題の是非を問うのは早計ですが、少なくとも多くの課題が指摘され、議論の渦中にある内容であることは現場の教師としても心に留めておく必要があるはずです。

　仮に、

「他のクラスもやっているから」

「出さないと保護者に何か言われそうだから」

「昔からやっているし、意味もありそうだから」

といった理由で前例踏襲型の宿題が出され続けているとするならば、それこそ「足並みバイアス」が渦巻いている状態だと言えるでしょう。

　何のためにやるのか、実際に効果は出ているのか、本当にこの方法でいいのか、など考えられることはたくさんあります。より良い形を目指して少しずつ進化を遂げていくのが学問であるにもかかわらず、何十年も前から同じ状態が続いているとするならば、どこかに「思考の縛り」がないか、点検してみる必要があると思うのです。それは教師だけでなく、子どもたち然り、保護者然りです。

　宿題に関しては、色んな糸が絡まっている領域であるため、まずは課題を整理するべく、一般的な「宿題」についての難しさを確認していきます。

3 宿題の「目的」、どうなっていますか？

　一般的な宿題は、全員一律で同じ課題が与えられます。量も内容も基本的には同じ。そして、基本的に毎日提出を求められます。日本でごく普通に見られる風景の一つです。

　宿題の内容を見ると、「計算や漢字の反復練習」が98.6％、「音読」が93.5％と、ほぼ同じ課題が出されています（ベネッセ調査）。

　しかし、クラスに40人の子どもがいれば、当然全員学力は異なります。「理解」や「習得」までにかかる時間も違います。授業内容の分かっているところも、分かっていないところも違います。にもかかわらず、全員に同じ課題が与えられます。

　もちろん、全員一律の課題の反復であっても、それによって学力が向上していく子もいるでしょう。しかし、それは全体ではなく、一部の子どもたちにとってであるというのが多くの先生方の実感ではないでしょうか。

　以前、将棋の藤井聡太七段が中学生だった頃、教員に尋ねた質問の内容が話題になりました。

「授業をきちんと聞いているのに、なぜ宿題をやる必要があるんですか？」

　元麹町中学校校長の工藤勇一先生は、この質問内容を引用し次のように述べています（https://president.jp/articles/-/29905）。

　「24時間という限られた時間の中で、少しでも将棋の時間を作りたい。そう思っている彼にとって、将棋の時間を奪う無駄な宿題は減らしたいのでしょう。彼の心の声が聞こえてきそうです。

　もし先生が子どもに宿題を課すのであれば、着目すべきは「学び」の瞬間を子どもが体感できるものであるか。そうしないと子どもの貴重な時間を無駄に奪うだけでなく、勉強嫌いの子どもを増やす要因になる危険もあ

ります」

　本来宿題は「方法」のはずです。しかし、それ自体が妄信的に良いものであると思い込まれると、たくさんの「足並みバイアス」が付随するようになります。
　教師の「宿題は出さねばならない」がそうです。
　保護者の「宿題はやらせねばならない」もそうです。
　子どもの「宿題はやらねばならない」もそうです。
　こうなると、いつしか宿題は手段ではなく目的になります。「宿題を通して何を得るか」ではなく、「宿題をやること」自体に絶対的な価値があると考えられるようになってしまうのです。
　では、宿題をどのような「手段」としてとらえ、どんなことに「留意」して取り組めばよいのでしょうか。
　前述の工藤勇一先生の論をもう一つ紹介します。

　主体的に勉強に取り組むためには、次のような条件をつけるといいと思います。
　１　分かっていることはやらなくていい
　２　分からない箇所があったら、一つでも二つでもいいので分かるようにする。
　最初の条件はすでに書いた通り、分かっていることに時間を割くのは時間の無駄だからです。ポイントは二つ目です。一律に出される宿題では子どもにとって「宿題をこなすこと」が目的になってしまいます。すると、自分が解ける問題ばかりを解いて宿題を提出すれば、「よく頑張ったね」と親や先生から褒められ本人も満足してしまう。でも子どもにとって分からない問題は分からないまま。これでは学びになりません。一方で、「分からないものを分かるようにしてね」と言われたら、宿題（自主学習）の目的は「分からないものを分かるようにする」、この一点にフォーカスされます。

すると子どもながらに「どれが分からないかな?」「どうやったら分かるようになるかな?」と色々考え始めます。

　私はこの論を読んだ時は「まさに!」と膝を打ちました。日本の子どもたちの多くは、「宿題をこなすこと」が目的になっています。そればかりか、多くの先生や保護者も、「宿題をさせること」が目的になっていると言えるのではないでしょうか。それだけではありません。全員一律の内容で、毎日提出を強制される宿題を、目的を確認することなくやり続けることは、次の意識を次第に醸成していくでしょう。
　「宿題はとりあえずやって提出することが大事」
　「内容が分かっていてもつまらなくても修行のようにやるのが勉強」
　まさに、思考停止状態です。こうして、学習から「やりがい」や「喜び」が奪われていくのだと思います。
　しかし、宿題の目的を「分からないものを分かるようにする」に転換すると、様相は一変します。子どもたちが「どうやったら分かるようになるかな?」と考え始めるのと同じように、教師や保護者もより良い取り組ませ方や方法を考え始めるようになるでしょう。
　今年度、私のクラスでは、宿題に関する姿勢が一変したとの声が保護者の方から多数寄せられています。
　「4年生になってから見違えるように学習に取り組むようになりました」
　「自分から進んで調べたりしてまるで別人のようです」
　「とっても楽しそうに学習に取り組む姿を見て、先生には本当に感謝しています」
　こうした声が1件2件ではなく何件も寄せられました。長文のお手紙を書いてくださる方がいれば、電話で熱を込めて感謝を伝えてくれる方もおられるなど、その反響はすさまじいものがありました。
　それは、長らく学びとセットになっていた義務感や強制感がぬぐわれていったことが大きかったのではないかと考えています。

4 学びの「やりがい」だけでなく…

「ちゃんと宿題した？」

「まだやってないの！早くやりなさい！」

「こんな問題もできないの！？」

　いわゆる、保護者による「宿題パトロール」の様子です。これも、全国多くの家庭で見られる光景ではないでしょうか。「宿題の提出状況」を学習の評価に入れている先生も少なくないため、保護者も必死です。

　夏休みの宿題では、7割の保護者が、「宿題をしなさい」と指示しています（ベネッセ調査）。そして「口出ししなくても自分で宿題をやっていた」という子どもは4割です。

　しかし、この状況には「待った」をかける必要があります。

　教育には三つの柱があります。家庭教育、学校教育、地域教育です。学校教育における評価は、当然ですが学校教育の内容について行うものです。家庭教育に対する評価は行うものではありません。宿題（家庭学習）という「家庭教育」の範疇にあるものを、学校教育の中で評価することは、やるべきではないと私は思っています。学校で評価される対象になってしまっているからこそ、我が子の将来を案じてお家の方も必死になるのです。

　先述した宿題パトロールが、仮に毎日続いている姿を想像してみてください。特に、解き方が分かっていなかったり、授業の内容を理解できていなかったりする、学力に難しさを抱えている子たちのことをイメージしてほしいのです。自分にとって大切な存在であるお家の方から、「宿題」に関してマイナスの言葉や態度をシャワーのように浴び続けているとしたら。自力でできない・解けない課題について、叱られ続ける日々を送っているとしたら。その子どもたちは、長い時間をかけて「自信」を奪われ続けていくことでしょう。そうしたケースでの子どもたちの自尊感情の傷つき方を思うと、本当に胸が痛くなります。

分からなくても、親身に教えてくれたり、一緒に課題解決に向かっていけるご家庭ならまだ救いがあります。これが「やったか否か」という結果だけを確認することに終始し、やっていない場合に「叱る」という悪循環に陥っているとしたら、親子関係にも悪影響が生じる可能性があります。

　また、そもそも保護者の方が宿題に関して効果的に教えられるケースはさほど多いとは思えません。学校で子どもが受けた授業を、保護者は聞いていないのですから。教え方が違うこともあるでしょう。というか、どうやって教えていいか分からないこともあるでしょう。今回のコロナショックの休校期間中も、全ての学校で家庭学習の課題が出たはずですが、その際に「どうやって教えていいか分からない」という保護者の悲鳴を山ほど耳にしました。一所懸命教えるが上手くいかないもどかしさが、「説教」や「叱責」に姿を変え、子どもに曲がった形で伝わっているとしたら、それは悲劇です。

　こうした家庭教育における難しさがある上で宿題を出す以上、学校は少なくとも次のことを教える必要があります。それは、「学び方」です。

　学習内容のみを伝えるのではなく、「どうすれば解けるようになるか」「どうすれば分かるようになるか」という、宿題や家庭学習の「やり方」もセットで教える必要があります。内容だけを伝えても、できない子たちが一定数存在するからです。

　逆に、「学び方」を体得することができれば、子どもたちは自ら進み始めます。

　分からないものを分かるようにするという「目的」を伝え、こうすれば解けるようになるよという「学び方」を教える。

　この二つが、家庭学習を進める上で大切なポイントだと思っています。

5 宿題に関する膨大な業務

　先の工藤勇一先生の論の中に「時間を奪う」という一節がありました。

　言わずもがなですが、時間は無限ではなく有限です。一日に使える時間には、限りがあります。宿題は、子どもたちや保護者の時間だけでなく、教師の時間も「奪っている」側面があることを認識しておく必要があります。例えば、宿題に関して思い浮かぶ仕事をざっと挙げてみます。

- ・課題の選定（量、内容、使用教材など）
- ・課題の作成（パソコン編集、印刷、帳合など）
- ・課題の伝達（内容、提出期限、留意点など）
- ・課題の配付
- ・提出状況のチェック
- ・丸付けや手直し
- ・提出しない子への指導

　宿題に、膨大な作業と時間を要していることが分かります。

　もちろん、上の全てを行わずにいくつかの工程を短縮したり、効率化している方も多いと思いますが、一般的にはこれらの作業を行っているケースが多いでしょう。

　また、決してこれらを機械的に行うのではなく、少しでも多くの子どもたちが意欲を持って取り組めるようにと、内容の選定や編集の仕方に並々ならぬ力をかけている先生方も多いはずです。

　たくさんの労力をかけて作成し、子どもたちのためにと苦心しながら指導しているにもかかわらず、子どもたちの「学びがい」や「自信」が奪われている結果につながっているとするなら、これまた悲劇です。

　ましてや、ここまでずっと書いてきたように、学校現場は「荷物を精選」する必要があります。宿題に関しても、あれもこれもと全てをやるのではなく、本当に大切なことは何かを洗い出し、やり方を大幅に見直す必要があるのだと思います。

OECDで最も教育生産性の高い国と知られるフィンランドでは、1970年代の教育改革の一つとして、宿題をなくす・減らすことに舵を切ったそうです。長期休暇の宿題はなし、そして、通常の日課の中でも、極力少ない時間で宿題が終わるように努めるそうです。フィンランドの小学校教諭、リッカ・パッカラ氏の書いた『フィンランドの教育力』（学研新書2006）には次のようにあります。

　フィンランドでは、夏休みにはまったく宿題を出しません。私の母の子ども時代には植物採集のような宿題があったそうですが、私の子ども時代にはすでに宿題が出たことは一度もありませんでした。クリスマス休暇にも宿題は出しません。無意味とは言いませんが、出してもあまり役に立たないでしょう。

　夏休みは2か月半ありますが、新学期が始まった時に、「さあ、みんな夏休みの宿題は終わりましたか？」と聞いても「えっ？何の話をしているの」という反応しかかえってこないでしょう。それに、宿題を出したらそれを回収して採点をするという仕事が増えます。夏休みは、とにかく生徒も教師も学校から解放されて、自分の時間を過ごします。

　このわずかな一節だけでも宿題を「出さねばならない」「やらねばならない」という思考の縛りから完全に解放されていることが分かります。

　「宿題を出したらそれを回収して採点をするという仕事が増えます」というごく当たり前に思えるこうした指摘すら、日本の学校ではほとんど聞かれません。それは「宿題はよいものだから私たちが大変でも子どもたちのためにやらねばならない」という思考があるからではないでしょうか。「教師たるもの、少しぐらいの苦労は背負わなくてはならない」という使命感によるものではないでしょうか。

　しかし、それをすることによって、学校と家庭双方の時間が奪われることや、仕事が増えて教師の仕事の生産性が落ちる事実があることも、バランスよく話の俎上に載せたいわけなのです。生産性を高める、つまり時間の質を上げるには、目的を明確にし、荷物を精選することが必要です。

6 「分かる」と「分からない」を分けよう
宿題の効果的な運用法1

　「必要なものに力を注ぐ」、その第一ステップは、「分かる」と「分からない」に分けることです。どの問題ができて、どの問題ができないのか。自分で「仕分け」をすることです。

　例えば、10問の小テストを行ったとします。教科は何でもいいです。2問間違えて、8問できたとします。できた8問は現時点で解けるわけですから、現時点でこれ以上はひとまず勉強する必要がありません。一方、間違えた2問は現在できないわけですから、できるようになればそれは紛れもない成長です。従来の全員一律型の宿題は、ここで再び10問全てを解くことを命じられるのです。

　一方、そこで、「また同じテストをするから、この2問をできるようにしておいで」と言われれば、生産性は一気に激増します。できない問題だけをやるわけですから。生産性が高まるだけでなく、やればやるほど「できる」が増えるのは、子どもたちの喜びや充実感につながるでしょう。

　「『分かる』と『分からない』に分ける」→「『分からない』だけに注力して『分かるようにする』」の2ステップは、あらゆる場面に応用可能です。

　まとめの問題に使えます。テストの際にも使えます。分けて、練習するという基本的な考え方を知っておくだけで、様々なアイディアが生まれてくるのではないでしょうか。

　ちなみに、私は向山洋一氏の「チェックシステム」を教室で活用しています。長年やっていますが、どの学年でも活用可能な応用度の高い実践です。次のように実践しています。

〈教科書チェック〉

① 授業中に解いた教科書の問題は、チェックを入れる決まりになっています。一度で解けた問題は斜線でチェック、間違えた問題は

レ点（✓）を書きます。

②　間違えた問題は、単元の終りにやり直しをします。その際も同様に、できた場合は斜線、間違えたらレ点をつけることになっています。

③　どの問題も斜線が引けるようになるまでやり直しをします。

④　全ての問題にチェックが正しくしてあれば、教科書チェックは合格です。次のノートチェックに進みます。

※以下の教科書例であれば、①②の問題は一度で解けたという意味で、③の問題は二度間違えて三度目で解けたという意味になります。

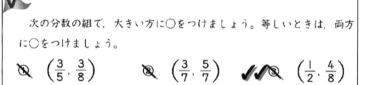

（『小学校算数』学校図書）

〈ノートチェック〉

①　教科書の全ての問題が解いてあるかを見ます。

②　間違えた問題（レ点チェックがされている問題）が全てやり直されているか見ます。

③　上の二つができていれば合格です。早く終わった子はテスト勉強に進みます（合格した子にはシールかはんこで印をつけています）。

（2009年11月28日５年３組学級通信「てっぺん」第298号より抜粋 ✉）

　最終的なチェックは私がしますが、日々の自分のでき具合をチェックするのは子どもたちです。

　これをすると、単元が終わってさあテスト前の復習だという時に、どうすればいいかが一目瞭然です。

自分の間違った問題だけを、もう一度解いてみればいいのです。

　私も勉強をしている時に何度かこの方法を使いましたが、効果はてきめんです。自分で自分の苦手なところがはっきりと分かるので、復習をするのがなんだか楽しくすら感じられてきます。

　これらはもちろん、「学習内容」ではなく「学習方法」に位置づけられるものです。

　しっかり身につけられれば、来年にやって来る受験の時（この時は私立小学校に勤めていたので、6年生は全員揃って中学進学のための受験がありました）に大きな助っ人になってくれるはずです。

　もちろんこれはあくまで一例で、他にも様々やり方はあってよいでしょう。

　要は、「分け方」を子どもたちは教えないと知らないという事実があるということです。

　「分け方」を教えてあげると、子どもたちの学習意欲は高まります。

　そして、「分からなかったところだけを勉強しよう」と加えると、子どもたちの目は一層輝き始めます。

　今まで何が分かって何が分かっていなかった、分からなかったものがクリアになる感覚と、できるところは飛ばしてよいという生産性の高さを感じるからなのでしょう。

「写す・真似る」の価値を語ろう
宿題の効果的な運用法2

　とは言え、「分からない・できない」を「分かる・できる」ようにするのはけっこう大変です。もっと言えば、小学校の低学年の頃など、自力で家庭学習を進めることが難しい年齢においては、一定の反復が必要な学習内容においては、宿題の持つ意味は高まってくるはずです。

　その際、宿題に取り組んで仮に「分からなかった」場合の乗り越え方、進み方を教えておくのも大切です。

　まず、大前提として「分からない」を「分かる」に変えていくために「写してよい」「真似てよい」ということを、きっぱりと子どもたちに伝える必要があると思っています。「自分の頭で考えよう」「人の力は借りずに」という教えは、大人の思っている以上に子どもを縛っています。写したり真似たりするのは悪いこと」と染みついているのです。

　なお、その時、私は次のように語りました。

　そんなことはないよ。

　写すのも真似るのも、大切な大切なお勉強です。

　お父さんだってお母さんだって先生だって、全ての勉強は真似るところや写すところから始まりました。

　習字を習っている人、手をあげてごらん。

　一番初め、自分の力で書きなさいと言われましたか？

　それともお手本を写しなさいと言われましたか？

　「『写しなさい』と言われました」

　そうですよね。

　ピアノを習っている人、手を挙げてごらん。

　習いたての頃、自分で思ったように弾きなさいと言われましたか？

　それとも、先生の弾いたように真似してごらんと言われましたか？

　「先生の弾いたように真似しました」

そうですよね。

　お箸の持ち方だって、ひらがなの書き方だって、漢字の読み方だっ
て、最初からできる人は一人もいません。

　みんな、お手本を真似たり、写したりするところからスタートする
んですよ。

　ものすごく特徴的な絵を描く「ピカソ」という画家がいます。

「知ってる知ってる！」

　ピカソだって、最初からものすごく特徴的な絵を描いていたわけ
じゃなくて、最初は写真かと思うような、お手本に忠実な絵を何十枚
何百枚と書いたわけです。

　勉強の基本は「真似ること」「写すこと」です。

　分からない時は、どんどん真似て写していいですよ。

　子どもたちは、とてもいい表情で話を聞いていました。

　写してよい、真似てよいのですから、宿題にもそのような内容を採用す
るのがよいと思っています。先に紹介した「お手本の文章を薄く作文用紙
に印刷し、それをなぞらせる」宿題がまさにそうです。他にも、計算の仕
方のお手本がついていて、そっくりそれを真似ればできるようになるもの
や、答えがついていて分からなければ写してもよいシステムにするなど、
やり方はたくさんあるでしょう。要は、「できない宿題は出さない」とい
うことです。先のリッカ・パッカラ氏も次のように述べています。

　私は絶対に、子どもたちができない宿題は出しません。新しいこと
を覚えるような宿題も出しません。

　分からない子たちが延々と考えてもなおできず、自尊感情を傷つけたり
するループを作らないようにするためにも、宿題を出さざるを得ない場合
にはセーフラインや乗り越え方を教えることが大切です。

宿題「自己完結システム」
宿題の効果的な運用法3

　また、答えを添付して例えば子どもたちが「自己採点」してくるシステムにしてしまえば、教師が丸付けを行う必要はなくなります。

　私も、数年前までは、この方式で宿題を出していました。

　自分で丸付けをし、間違い直しをし、分からなければ答えを写す。

　翌日提出された宿題を朝の時間にハンコ等で全てチェックし返却。

　20代の頃は、このシステムを採用していました。

　やることは明確で、できなかった時の対処法も分かりやすく、かつ教師の手間は最小限で済むからです。

　さらに、このやり方でシステム化していた時は、毎日の宿題の内容も変えず、ルーティンにしてありました。

　例えば、以下のような形です。

　　○漢字プリント　○計算ドリル　○日記　○暗唱

「読み書き算」を中心として、毎日同じメニューのものを出しました。

　もちろん、分からない場合は飛ばして答えを写すシステムです。

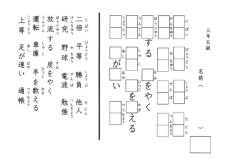

　計算ドリルは解答付きで渡し、繰り返しノートに書くことにしました。

　漢字プリントも同様で、答えがついており、その部分を折ってから解き、最後に開いて丸付けをする形にしました。

　次のようなイメージです。

　ちなみに、ドリルは年度当初に配付済みでノートにやるわけですから教師が準備するものは必要なし。

　漢字プリントはそれぞれ種類ごとに棚にどっさり印刷して入れてあり、

122

子どもたちが自分でそこから持っていくことにしていました。

　日記も日記帳を用意しておいたので、毎日の「宿題配付」はありません
でした。

　なお、暗唱はやってもやっていなくてもそれほど確認はしませんでした
が、たくさん時間がかかる子には、やらなくても指導もチェックもしない
「お目こぼし」的な内容として扱っていました（チェックをしなくても子
どもたちは一所懸命取り組むからです）。

　ちなみに、当時は、問題が解けても何度も同じ計算や漢字に取り組ませ
ていましたが、今ならここに先ほどの「チェックシステム」を組み合わせ、
できない問題だけを次々やらせていくやり方を採用すると思います。

　のちに紹介する宿題の「自主学習システム」の導入が難しい場合は、や
ることをある程度ルーティン化し、その上でできない問題に集中的に取り
組むシステムを作ることをおすすめします。

　創意工夫の要素はほとんどありませんが、やることが明確で、かつ分か
らない子にも優しく、教師の時短も実現できるやり方だと思います。

　低学年～中学年において特におすすめの方法です。

　効率化という点から見ても、配付や印刷の手間がないわけですから、相
当な時短が実現できていました（その当時もほぼ毎日定時退勤です）。

　そして、この方式を採用する場合は、何度も何度も写し真似て、答えを
丸暗記するぐらいまでやれば、学力が伸びてくることにもぜひ言及してお
きたいものです。

　『頭の体操』の超ベストセラーで有名な多湖輝氏は、著書で次のように
言っています。

　1．暗記・暗唱は、子どもの頭脳の「しつけ糸」
　「たえまなく大量の情報を吸収しつづけるという脳の活溌な働きが、
　子どもの育ちざかりの脳そのものの構造を、強固に豊かにつくり上げ
　ていくのです。

丸暗記した内容ではなく、丸暗記するという頭のはたらきに意味が
あるといってもいいでしょう」

２．考える力と想像する力は、暗記のあとで伸びてくる

　　「人間の脳の発達段階で言えば、読み書き計算といった基礎学習に
適した年齢は、６歳から12歳にかけてと言われます。この年齢にはさ
まざまな説があるようですが、小学生中学生年代が基礎的な学力、つ
まり覚える学習にはいちばん適した年齢だということになります」

３．答えはその場でたしかめてから先に進む

　　「答えを先に見れば、問題も含めて丸ごと暗記してしまうことがで
きます。英単語、歴史の年表、四字熟語、数学の公式といったものを、
わからないときに考えても無駄です。

　　ちょっとでも不安だったら、変なスペルや数字や言葉を書き込んで
記憶に引っかけてしまうより、どんどん正しい答えを見て覚えてし
まったほうがいいのです」

　　教科書には、正しい必要な知識が満載である。どんどん見せてどん
どん暗記させるべきである。

　　　　　　　　（多湖輝『学習力は丸暗記でつける』新講社、2003）

　「写すこと」「真似ること」の価値を伝えることは、子どもたちが余計な
不安を覚えず、伸び伸びと学習できる環境を作ることにもつながっていき
ます。

9 宿題からの卒業
ー卒業証書授与までのステップー

　今年度行った宿題に関して「宿題卒業実践」という実践をしました。この「卒業」とは、「教師のチェックからの卒業」という意味です。

　およそどんな宿題の取り組み方であれ、「子どもが家で取り組んだ課題を学校に持ってきて教師がチェックする」という仕組みはどの学級にも根強く残っているはずです。これを、現在担任しているクラスではなくしました。

　次のようにします。

　まず、学期はじめは通常通り宿題を出します。出しているかのチェックや声掛けも行います。

　そして1か月くらいたったある日、次のように言うのです。手には、1か月分の宿題のチェックリストがあります。
「今から名前を呼ぶ人は立ちます（十数人呼名して立たせていく）。あなたたちは、○月○日〜○月○日までたったの1回も宿題を忘れませんでした。素晴らしいです。あなたたちに対する信頼という名の貯金はもうすでにたっぷり貯まりました。きっと毎日先生のチェックなんかがなくたって、自分の力だけで進んでいけると思います。そこで、今度からあなたたちは1週間に一度宿題を提出する"1週間コース"に進もうと思うんですが、チャレンジしますか？」

　できるだけワクワクしながら、表情豊かに伝えるのがポイントです。子どもたちは「やるやる！」と燃えます。そして、1週間後に胸を張って1週間分の宿題を持ってくるのです。その時、私は課題の取り組み方や内容をチェックしつつ次のことを質問します。
「1週間、自分の力だけでやってみてどうでしたか？」

　すると、子どもたちは色んな気づきを教えてくれます。自分一人の力でできてうれしかった、最初は不安だったけど先生に見せなくても毎日続けられた、信頼されているから頑張ろうと思った、などなど。その上で1週

間でも問題なくコンスタントにできた子は、2週間コース、1か月コース
と提出までのスパンをどんどん長くしていきます（もちろんできなかった
場合は毎日コースに戻る仕組みになっています）。

　そして、1か月コースの子がみごとに自分だけの力で走り切った場合は
いよいよ「卒業」に進みます。チェックそのものをなくしてしまうのです。

　卒業式はクラス全員の前で行われ、BGM が流れる厳かな雰囲気の中証
書が手渡されます。

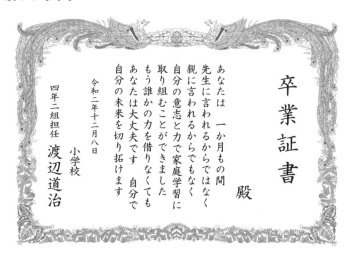

　卒業生の誇らしい表情と、クラスメイトから送られる温かいお祝いの拍
手。このように、教師のチェック自体を無くしてしまう方法もあります。

　この方法のよいところは、教師の毎日のチェックが激減するだけでなく、
学力の厳しい子どもに丁寧にかかわることができる場面が増えることです。
全員毎日一律チェックではなく、必要な子に必要な分のチェックが入るの
が理想だと思っています。

10 最終到達点は「自主学習力」

ノマドスタディの項でも述べましたが、最終的には教師の手を離れ、子どもたちが自ら学習を進めていける姿を家庭学習においても目指しています。いわゆる、「自主学習力です」。

ただし、それを実現するために先の工藤勇一先生の論にあったように「分からないことはやらなくていいよ」「分からないことを分かるようにしよう」と伝えるだけでは、小学生は自ら学びを進めることはできません。学習を進める「学び方」が身についていないからです。

普段の授業において、ノートの書き方、作文の書き方、計算の仕方、要約の仕方、調べ学習の仕方、間違いの見直し方など数々の「学び方」を体得させることが自主学習力を支える大切な力となるからです。

さて、この自主学習力を育てる実践として、2019年夏に宿題に関する一冊の本が出版されました。葛原祥太先生の『「けテぶれ」宿題革命！』（学陽書房）です。すぐさま購入して読みました。そして、その魅力を感じた私はすぐさま学年に掛け合い、2学期から実践することにしました（のちに、学年全体に広がりました）。

詳しくは上記の書籍を読んでいただきたいのですが、この実践の素晴らしいところは、とにもかくにも子どもたちが「自立した学習者」に変わっていくことです。簡単にやり方を紹介すると、

> 「け」計画…今日の勉強の計画をし、
> 「テ」テスト…自分でテスト＆丸付けをして正解と不正解に分け、
> 「ぶ」分析…間違いを分析し、
> 「れ」練習…不正解だった問題を再び間違えないように練習

という仕組みです。

実践してみての所感ですが、大きく三つあります。

①圧倒的な時短の達成（宿題に関する業務がほぼ０に）

②子どもたちのストレス減＆意欲激増

③宿題に悪戦苦闘していた子たちに学習習慣が身についた

　昨年に引き続き今年度も実践していますが、子どもたちの意欲の上がり方が尋常ではありません。そのイキイキした様を見ていると、今までの全員一律型の宿題の中でどれだけ困り、苦しかったのかが伝わってくるような気すらします。この実践の面白いところは、４ステップ目の「練習」において、子どもたちの創意工夫のある実践がたくさん出てくるところです。「できないところに注力すること」も、「創意を生かして行うこと」も、「教師の時短」も合わせて達成できる素晴らしい実践です。

　ただ、一点付け加えるならば、「練習」に出てくる「創意工夫」は、普段の授業や様々な形での教育を通して子どもたちが身につけてきた「学び方」や「分析力」に左右されるものです。そのため、そこまでに子どもたちの中で培われた力が一定以上なければ実践は難しいでしょう。

　同様の理由で小学校の低学年では実施が難しい側面があるので、ある程度「学び方」や「分析力」の身についてくる中学年以上で行うことをおすすめします。

　もちろん、中学年以上であっても、子どもたちの状況に応じて最初は漢字の覚え方や計算の仕方などを丁寧に教えた上で、徐々に自主学習力を生かした方法にシフトしていくことを重ねておすすめしておきます（今年度もそのように進めています）。

　先に登場した工藤勇一先生の麹町中学校も、名士を数多く輩出している都内でも有名な中学校であり、進学してくる生徒の多くがすでに一定の「学び方」を有しているはずです。そういう背景があったからこそ、宿題を廃止し、生徒たちの自主学習力を発揮するシステムに転換できたのでしょう。

　イメージとしては、小学校低〜中学年頃までに計算の仕方や漢字の覚え方などの学び方を丁寧に指導し、中〜高学年以上で自主学習力を生かした方法に取り組むようにしていくのが良いと思っています。

こうした方法を実践することにより、章の冒頭で書いたような子どもの事実が生まれてきました。

　さて、ここまで書いてきたとおり、教師になりたての数年間を除いて、私は宿題で多くの時間を割かれたことがほとんどありません。学校教育の中心はあくまで授業であり、その中で子どもたちの生きる力を育むことがもっとも重要です。
　「宿題」にまつわる数々の「足並みバイアス」という名の荷物は、減らし、下ろすべき時が来たのだと感じています。

11 テストの目的は…

テストの目的とは、一体何でしょうか。

例えば、入学試験や資格試験のテストは、「選抜する」ために行われます。基準を満たしていない者を落としたり、一定数の合格者だけを選んだりするために行います。いわば、ふるいにかけるテストです。

では、学校で行われるいわゆる一般的なテストは一体何のために行うのでしょうか。一言で言えば、「力を測り、その後に生かす」ためにテストを行います。何が分かっていて、何が分からないのか。何ができていて、何ができないのか。学んだ内容を「分け」、その中の「できない・分からない」を今後改善していくために行います。

また、教師の立場から言えば、その子の学習到達度を把握し、その後の学習指導に生かしていくことが大きな目的です。

つまり、児童生徒の「学習改善」と、教師の「指導改善」を目的としてテストが行われるわけです。エッセンシャルに考えるならば、「学習改善」「指導改善」という目的を達することができればいいのです。

ですから、「学校で、全員揃って実施し、教師が丸付けをして、後日返却」というステレオタイプのやり方だけに縛られる必要はありません。

しかも、昨今の超多忙・業務過多の実情に加え、今年度はコロナショックによる時数不足のダブルパンチの状況が起きています。当然、テストの運用方法にも、柔軟な在り方が求められるはずです。

私のクラスの子どもたちはテストについて、月を追うごとに肯定的な捉えが増えてきました。「大好き！」という感じまではいきませんが、先に書いた自主学習力を生かしてテスト当日まで努力を積んできた子は鼻息を荒くしてテストを待ちますし、勉強が大の苦手でテストの度に机に突っ伏していた子もが勇んで全てのテストを受けられるようになりました。それは、テストの実施方法や運用方法に違いがあるからだと考えています。

そこで、効率的な実施方法や柔軟な活用方法を紹介していきます。

12 解き方を教えながら一緒に解く

　問題には、「解き方」があります。

　問題には、「ルール」があります。

　子どもたちは、こうしたことを知らずに解いている場合がよくあります。

　ですから、テストを使って、「解き方」や「ルール」を教えてあげる指導はとても重要です。そして、子どもたちはこの指導をとても喜びます。

　「知らなかった！」「そんなふうに解くんだ！」

と、感動が生まれることも少なくありません。

　例えば、次のように指導します。（国語の場合）

　通常通りテストを配付し、そして、「今回は、このテストを使って、テストの解き方やルールの勉強をします」と宣言します。

　さらに、「これを学ぶと、今後のテストに大いに役立ちます。テストには書いていないルールや効果的な解き方が分かるからです」と趣意説明を加えるとなおよいでしょう。

---

　①番は、選択問題です。

　「四つの中から正しいものを二つ選んで○を書きなさい」と書いてありますね。この問題の場合、よくある間違いは何だと思いますか？

　（○を一つしかつけない）

　（選ばない選択肢の解答欄に余計な×をつける）

　その通り。「四つの中から二つに○」が、この問題の「ルール」なので、それを破ると不正解になります。

　では、○を書いてごらんなさい。（子どもたち一斉に○をつける）

　書き終わった人から、2番の問題を見てルールや解き方を予想しておきなさい。

　（全員書けたところで）手を止めて、鉛筆を置きます。

　選択問題で、違うと思った選択肢を消していく解き方があります。

これを消去法と言います。

今、そのように解いた人？（挙手で確認する）

「これだ」と思うものを二つ選んで終わりではなく、選ばなかった選択肢が違うかどうかを確認すると間違いが激減します。練習しましょう。

今、選ばなかった二つの選択肢に印をつけなさい。（☑ マークなど）

違うと思う部分に、線を引きなさい。

違うと思った理由を、線の隣に短く、キーワードで書き込みなさい。

（『問題文と反対の内容』『主語が違う』など子どもたちは次々書き込んでいく）

時間がある場合は、ここまでやりましょう。

ない場合は、頭の中でこれをやりましょう。

---

②番は、「指示語抜き出し問題」です。

「『それ』が指す言葉を○字で書き抜きなさい」とありますね。

この問題の場合、よくある間違いは何だと思いますか？

（字数が違う）（書き抜かずに文章を変えてしまう）

その通り。「○字で書き抜く」が、この問題の「ルール」なので、それを破ると不正解になります。

では、答えを書いてごらんなさい。（子どもたち一斉に書き始める）

書き終わった人から、３番の問題を見てルールや解き方を予想しておきなさい。

（全員書けたところで）手を止めて、鉛筆を置きます。

指示語の指す内容は、前にありますか？後にありますか？

「前にあります」

そう、これやそれなど、指示語の答えは前の問題にあります。

「指示語」と「答えの内容」は同じ意味なので、入れ替えても文章

の意味が成立するはずです。指示語に答えを当てはめて一度頭の中で読んでみた人？（挙手で確認）

　見つけて書いて終わりではなく、選んだ言葉を指示語に当てはめて文意が流れるか確認すると間違いが激減します。練習しましょう。

　指示語から前を見ます。

　これだと思う言葉に、○をつけます。

　○をつけた言葉を、指示語に当てはめて読んでみます。

　意味が通ったら、解答欄に記入します。

　こうして一つ一つ解き方やルールを教えていき、最後に解答用紙を配って自分で丸付けをさせます。そして、採点が終わった子から教師のところに持ってこさせて最終チェックを行って返却します。

　ちなみに、こうして丁寧にナビゲートしながら解かせても、子どもたちは結構間違うものです。

　また、おそらくこうしたルールや解き方に関する指導は、後出しじゃんけんでテスト後に教えられることが多いのではないでしょうか。

　後で教えると、時間がかかります。

　先に教えて一緒にやると、その分後の指導の時間は減って効率的になります。

「理由を書く時の語尾は『～から』『～ので』」

「文章で答えを書く時は『。』句点をつける」

「『どんなこと？』と問われたら『～こと』で終わる文で答える」

など、ごくごく基礎的なルールを知らない子も大勢います。

　国語なら、説明文なら、聞くテストなら、学力テストなら、のようにタイプ別で一つ一つ教えられるので、その都度やってあげると子どもたちはものすごく喜びます。また、このテストを評価に入れるかどうかは各校の実態に応じてやるのがよいでしょう。後で詳しく書きますが、私はこれも全然評価に入れて構わないと思っています。教えたのは内容ではなく、「解き方」と「ルール」だからです。

13 丸付けは自分で！
「１時間丸ごと完結システム」

　テストは通常、実施してから回収し、丸付けを教師がしてから後日返却し、その後やり直しをさせる、というパターンが多いのではないかと思います。

　しかし、この方法だと相当な時間がかかります。１回のテストで、授業時間を１コマ以上使うのは、現在のアフターコロナの状況では非常に厳しいでしょう。「100時間不足」「５割減の指導内容で」とも言われている今日の状況においては、テストに関する時間は最大限カットできるのが望ましいです。

　そこで、「１時間丸ごと完結システム」を紹介します。私は、テストを実施させた場合、１時間の授業時間の中で丸付け、転記、返却、やり直し、やり直しの提出までを全て終えています。やり方の肝は、

「子どもたち自身に採点させること」

です。

　現在は、ほとんどの単元テストに「解答シート」がついています。これを活用します。

　まず、チャイムと同時に全員にテスト用紙を配付します。そして、通常通り解かせます。通常、クラスのトップの子が10分〜15分ほどでテストを完了させます。その子たちは、自分のタイミングで解答シートを取りに来ます。なお、解答を取りに来る際は、次のルールを徹底しています。

---

①問題を解き終えてから、「解き方」や「ルール」の確認をすること。
②席を立つ前に、赤鉛筆以外の筆記具は全てしまうこと。

---

　①は、いわゆる見直しです。

　これまで教わった通りに、「解き方」を活用し、「ルール」を守って解いているかの確認です。消去法なら、選ばない選択肢に印や理由が書かれているか。指示語抜き出し問題では、問題文の中にある答えの言葉に○がつ

けてあるか、などなど、前節で教えた「解き方」や「ルール」が使えているかの確認です。テストに相応の書き込みや印がなければ、当然指導します。そして、やり直しにその旨を明記しておくように命じます。

　これを繰り返すと、テストの度にルールや解き方が確認されるわけなので、自然と子どもたちはやり方を覚えていきます。テストの点も、解くスピードも徐々に上がっていきます。

　②は、カンニング防止という意味合いもあるのですが、いったん席を立ったら二度と元に戻れないという覚悟を持たせるための儀式的な意味合いの方が強いです。たま～に、せっかちな子がテストを終えて筆記用具をしまい始めたところで、次のように声をかけることもあります。

　「○○くん、本当に大丈夫ですね。解き方やルールの確認も全て終わっていますね？」

　「いったん席を立ったら後戻りはできません。それがあなたのファイナルアンサーですね？」

　すると、あわてて筆記具を戻し、熱心に見直しを始める子もいます。微笑ましい光景です。もちろん、多くの子は、自分でこの後すぐ採点するわけですから、問題の見直しにも熱が入ります。そして、ドキドキしながら解答用紙を取りに来ます。苦心した問題が正解だった時は、ガッツポーズを見せる子もいます。

　ちなみに、有名な「エビングハウスの忘却曲線」によれば、人は一度学んだ内容を24時間後には74％忘れると言われています。テストの内容も、時間がたてばたつほど忘却の彼方に送られます。数日たってから返されていざ見直しをしようとしても、その時に自分がどう考えたかを思い出せない子も山ほどいます。フィードバックは早ければ早いほどいいといわれているので、この自己採点システムは非常に理にかなっていると言えるはずです。

　なお、丸付けの際にもルールがあります。次のことを守らせています。

①丸は当然丁寧に（とじた○をつけるので「トジマル」と教えていま

す）。

②間違えた問題は赤で正しい答えを書き込ませる。

③正解かどうかの判定が微妙な場合は一切○はつけない。

　ここまでを終えた子たちが、教卓に座っている私のところにテストを持ってきます。私は持ってきた子から答案のチェックをして、点数をテストに書き込み、さらに手元の名簿用紙が張ってある学級経営ノートにも転記します。一人にかける時間はおよそ10秒です。

　問題をざっと見まわし、判定微妙な問題に○×をつけ、素早く採点する。

　これを、1クラス分続けます。解くスピードに時間差があるため、ほとんど行列はできません。

　答案を返してもらった子たちは、満点の場合は次なる課題に進みます。読書の場合もあれば、他の教科の課題に取り組む場合もあれば、係活動に取り組む場合もあるなど様々です。

　間違った問題があった子は、それを見直し用のノートに転記し、なぜ間違ったかを「分析」することにしています。「解き方」を間違えたのか、「ルール」を守っていなかったのか、そもそも覚えていなかったのか、勘違いが生じてしまったのか、それもその子によって様々なので、できるだけ詳しく書くように伝えています。そして、そのノートを提出して、テストが完了です。

　最終的に私の手元には、間違えた問題を見直したノートが積まれ、全員分のテストの点が転記された状態に至ります。

　ボリュームのある算数のテストの場合は、やり直しが最後のチャイムに間に合わない場合もありますが、それも数人といったところです。ほとんどのテストでは全員が見直しまで完了し、ノートを提出して別の作業に移るところまで進みます。その動きは、年度末にかけてどんどん速くなっていくイメージです。テストは授業と連動していますし、先ほどの「解き方」や「ルール」の指導も回を重ねるほどにその効果が高まってくるからです。

子どもたち自身に丸付けさせるやり方を導入することに、学年や同僚にどのように話してよいかためらう先生もおられるかと思います。本来は、学級担任の「裁量」なので相談する必要はないのですが、若手の先生たちは特に「足並み」に気を使う場合もありますよね。テストのやり方について何か尋ねられたり、説明を求められた時は、こんなふうに伝えてみてはいかがでしょうか。

教師のネゴシエート術
　「今年度は特に指導の圧縮や効率化が求められていることもあり、テストのやり方を少しだけ見直そうと思うんです。このやり方でやると、子どもたちが熱心に見直しをするようになったり、フィードバックも早いので子どもたちにとってもプラスがあると聞きました。最終的には私が全員分の答案をちゃんとチェックしますし、不具合があればまた変更しようと思うので、ひとまず試験的に取り組んでみてもいいでしょうか？」

---

14 調べ学習の課題として解かせる

　現在、勤務校では教育課程の再編を行っています。

　先にも書きましたが、休校期間中に指導できなかった時数が私の自治体ではおよそ160時間あります。夏休み等の短縮や、行事等の削減・中止を合わせても、およそ100時間ほどの授業時間が足りません。また、今後の状況を鑑みるといつまた休校措置が取られるようになるかも分からず、そうした状況も踏まえて「5割減」という指導の方針が採られることとなりました。

　さらに文科省からも、ICTの活用や教育課程の柔軟な見直しを含め、「学校では学校でしかできないことに重点を置いて指導する」ように求められています。「5割減」とも「100時間マイナス」とも言われている中で、全てのテストを実施できるわけがありません。

　むしろ、それでも必死にテストを実施しようとすれば、それはもはやテストを行うことが目的になっていると言えるでしょう。勤務校では現在、教育課程の再編に伴い、評価のテストについても検討がなされています。

　例えば、国語ならば説明文教材、物語教材、詩・短歌・俳句教材など、同様の素材が教科書にもテストにも並んでいます。ならば、評価に使うテストは、物語教材ならこれ、説明文教材ならこれというふうに精選して、指導の軽重をつけられるようにしよう、という話が進んでいます。おそらく、その方向に舵が切られるでしょう。

　つまり、全てを評価に使わないのですから、一段とテストの実施方法は柔軟に行うことが可能になります。そもそも、これまでも購入したテストの全てを評価には入れていなかったはずです。年度末の単元のテストなどは通知表作成に間に合わないことも多いですし、その他学年で相談してここからここまでで評価しようというふうにこれまでも運用がなされていたことでしょう。

　評価に入れないテストについては、面白いやり方ができそうです。

例えば、この「調べ学習の課題」に使わせること。理科や社会のテスト
に使えます。コンピューター教室で行ってもいいし、一人１台タブレット
が整備されているならそれを使ってもいいでしょう。

　テストを配付し、次のように言います。

　「今日は、調べるテストをします。タブレットを使って、インターネッ
トを活用して答えを見つけ、記入していくテストです。制限時間は○○分
です。はじめ！」

　子どもたちは、喜々として調べ始めます。ちなみにこれは、ICT活用
の学習としても使えるでしょう。

　試験的に、評価に入れないテストで上記の方法を実施してみたことがあ
ります。子どもたちは、燃えました。検索術やタイピングを駆使して、短
時間で答えにたどり着くべく必死にパソコンを操作します。タブレットが
本格導入された際は、自作テストなども織り交ぜつつ、こうした課題に継
続的に取り組んでいこうと考えています。

　なお、私は、授業の中では次の検索術を主に教えています。

- 「とは検索」（キーワードに「とは」をつける）
- 「キッズ検索」（キッズページからの検索。子ども用に精選されたり
　ルビのオンオフが容易にできる）
- 「アンド検索」（二つ以上のキーワードの間にスペースを入れる）
- 「完全一致検索」（""でキーワードを囲む。検索のブレがなくなる）
- 「画像検索」（カメラで写真を撮って類似画像を検索する）

　特に、完全一致検索や画像検索は知らない子が多いので、教えておくと
様々な教科での検索スピードが上がります。また、直近のPISA調査にお
いて、日本の子どもたちは「デジタルテキストの読解力に難がある」との
結果が出ています。必要な情報をインターネット上から取り出し、解釈・
吟味して使うことはこれからの時代を生きる上でも必須能力と言えるで
しょう。

　理科や社会のテストで、数回試してみるのも面白いと思います。

15 家庭自主学習の課題として配付する

　これも、昨年度の終わりに実際に行いました。

　2月の終わりから3月にかけてほぼ全ての登校日が休校となった私の勤務校がある自治体は、未消化のテストが数枚手元にありました。そこで、学年の先生と相談して、家庭学習の資料として解答と共に配付しました。

　その時は配るだけでしたが、「24時間テスト」と命名して、家庭学習用に配付し、「どれだけ時間をかけてもよいので家で全ての設問に答えを記入してきなさい」とすれば、子どもたちはきっと燃えただろうなぁと今では考えています。何せ、評価に入れなくていいのですから、できるだけ子どもたちの意欲を掻き立て、知的な楽しさが起きる形で実施したいものです。

　なお、この24時間テストはすでにアメリカで実施されています。苅谷剛彦氏の『学校って何だろう』（筑摩書房、2005）には次の記述があります。

　　教室に入ると、黒板にはすでに八つくらいの問題が書かれていました。私の記憶が正しければ、学生たちはそのうちの三つを自分で選んで回答するというものでした。学生たちは、問題をノートに書き写すと、すぐに自分の家に帰ります。解答は、翌朝の同じ時間までに先生に提出しなければいけません。（中略）たしかに、この試験の場合には、何を見てもよいのです。これまで授業で読んできた本や、授業中にとったノートを参考にしてもよいのです。というよりも、本やノートを参考にしながら、自分の考えを書くというのが、この試験のねらいなのです。

　家で取り組む際は、教科書を使ってもいいし、インターネットを駆使してもいいし、誰かの力を借りてもいい。ただし、最終的に自分の力で解けるようにすること。そのように条件を出せば、今まで学校の机で孤独にか

じりつくしかなかったテストが、一気に自分で創意工夫を生かして様々な方法で解けることを子どもたちは見つけるはずです。すると、今まで全員一律に学校で座って同じ時間配分で受けていたテストの捉えが大きく変わるはずです。どうやって答えを出すか、どのくらい時間を使うか、どのツールを活用するか、一所懸命考えるきっかけにもなるでしょう。受け身一辺倒だったテストが、一気に能動的に取り組むものへと変貌を遂げる可能性があります。

　なお、翌日にそのテストを回収し、子どもたちには内緒でそのままそっくり同じ内容のテストを翌日やるのも面白いと思っています。最終的に自分の力で解いたかどうかがそこで全て分かります。何度も行うことはできませんが、そのくらいの遊び心や心のゆとりも大事なのではないかと思っています。

16 通知表の「ねばらない」を脱ぎ捨てよう
通知表の目的は…

　文部科学省の調査では、子どもの学力を保護者が何を通して把握しているかを見ると、「定期テストの結果」が70.0％と最も高い割合で、次に「先生との面談」（44.2％）や「通知表など」（43.0％）となっています。保護者にとっては通知表よりもテストの結果のほうが関心が高いようです。

　通知表の目的とは、一体何でしょうか。

　前節で、テストは「学習改善」と「指導改善」が目的であることを述べました。通知表は、その目的を達成するための「評価方法」の一つとして存在します。方法の一つですから、絶対に行わなければならないものではありません。そもそも通知表には作成義務がなく、法的根拠もないのですから（一般的にはこのことはあまり知られていません）。

　文部科学省からは、通知表に関して次の内容が示されています。

> 　通信簿（通知表）は、各学校において、子ども自身や保護者に学習状況を伝え、その後の学習を支援することに役立たせるために作成されているものであり、その扱い、記載内容や方法、様式などは各学校の判断で適宜工夫されています。
>
> （https://www.mext.go.jp/a_menu/shotou/gakuryoku/faq/001.htm）

　他にも様々な文書を読み込みましたが、通知表に関する法的根拠はどこにも存在しませんでした。大切なポイントとしては、

> 　作成主体は各学校（校長）であり、作成・様式・内容等もすべて学校（校長）の裁量によるものである。

ということです。作っても作らなくてもいいし、内容も学校で判断してよい、となっていることは明確に押さえておく必要があります。そうすることで「方法」の一つにすぎないことと、やり方を柔軟に考えてよいことが分かり、思考が柔らかくなるからです。

17 「改善」に必要なもの

　テストも通知表も、ここまで書いてきた通り「学習改善」が第一の目的です。

　この改善に必要な要素は、大きくは三つあると考えています。

・課題が明確である。

・改善の手段が分かっている。

・改善への意欲が生まれている。

　何を改善するのかという課題をはっきりしていないと、どこに力を注いでいいか分かりません。課題が分かっていても、方法や手段が分かっていなければ、アクションを起こすことができません。さらに、ここが一番大切ですが、課題や方法が分かっていても、そこを改善していこうという意欲がなければ、人は動き出しません。この三つをクリアしていないのならば、「改善」にはつながっていきにくいのではないでしょうか。

　そうした意味で、私は現行の一般的な通知表には明確に反対であり、廃止した方がよいと考えています。課題が曖昧で、手段も示されず、改善への意欲を生むどころか奪っている側面があるからです。

　その上、先生方の時間を膨大に奪っているというとてつもなく大きなマイナスが存在します（おそらく事務作業の中で最大の時間を取られているのではないでしょうか）。

　少し辛辣な内容になりますが、課題を明確にしないとこの通知表の問題にメスを入れることができないため、現行通知表の問題点を次節から列挙していきます。

18 現行通知表の問題点

まず、一般的に発行されている通知表の内容から通知表の問題について考えてみます。

（埼玉県教育局が発行している文書から引用

https://www.pref.saitama.lg.jp/g2204/documents/gakkyuukeiei7-4.pdf）

「問題」その 1　評価対象の期間が長すぎる

私が勤務している自治体では、２学期制を導入しています。

１年の登校日数はおよそ200日なので、それをざっくり100日ずつに分けて通知表で評価する仕組みをとっています。

100日の授業時数は、およそ500時間。

これだけの長い日数と時間で学んだ内容を、１回の評価にひとまとめにしているのが現行の通知表です。

> 100日500時間で学んだ「読むこと」に関する力は「C」です。

と言われて、果たして課題が明確になるでしょうか。

むしろ、過程がすっぽり抜け落ちたその「C」という結果だけが独り歩きして、別のマイナスを生む可能性はないでしょうか。

数か月間をまとめて評価する現行のやり方には、大きな問題があります。

┈「問題」その 2 過程が見えない┈

単元テストを使って通知表の評価を作成している学校は多いはずです。

例えば、国語の「読むこと」に関して5回のテスト成績を使って評定した場合のことを考えてみます。

その5回の成績が「CCCBB」だったとしましょう。

おそらく、この子の成績は「C」になります。

平均値を取るからです。

後半2回のテストでBをとり、成績的にも向上の兆しが見えてきているにも関わらず、この子の成績は「C」になります。

受け取った子どもや保護者は、その結果だけを受け取ります。

> 100日500時間で学んだ「読むこと」に関する力は「C」です。

と伝えられ、その子は一体どのようなことを感じるのでしょうか。

現行の通知表は、「過程」が見えません。

結果を伝えることに意味がないと言うのではなく、過程がすっぽりと抜け落ちていることが大きな問題だと思うのです。

学習指導要領における「評価」に関する内容にも、次のようにあります。

> 児童のよい点や進歩の状況などを積極的に評価するとともに、指導の過程や成果を評価し、指導の改善を行い学習意欲の向上に生かすようにすること。（学習指導要領総則より引用）

結果だけを見せることで、学習意欲の向上に生かすどころか奪っている結果につながっている側面があるのではないでしょうか。

「問題」その 3　未だに相対評価に引っ張られている

　大前提ですが、現行の評価の仕方は「相対評価」ではなく、「絶対評価」です。

　成績順に一列に並べて「先頭から○番目の人までA」としていた相対評価ではなく、基準を超えれば誰でもAが取れるのが絶対評価です。

　にもかかわらず、以前採用していた相対評価を持ち込む風潮が強い現場が多数あります（公立校に勤め始めた時、その現状を目の当たりにして大変驚いた記憶があります）。

　言わずもがなですが、担任（指導者）が違えばクラス間の子どもたちの学力にも開きが出ます。

　あるクラスではAが1割ほどで、あるクラスではAが5割を超えるという状況は当たり前のように起きるということです。

　しかし、ひとたび成績を出すと、各クラスの足並みを揃えようとする力が働き、「○組はちょっとAが多すぎるから減らしてくれない？」と平気で伝えてくるような耳を疑う現象が起きるのです。

　そもそも評価の基準に関する問題もあるわけですが、その基準を明確に定めたとしても、最後の段階で相対評価の名残によって中身を改変させられるのはたまったものではありません。

　クラス間によって成績の違いが出てくる仕組みを採用しておきながら、いざ出てきたものを揃えようとする向きがあることは完全な矛盾です。

　「違い」が出てくるのが嫌ならば、なおさらこの通知表はやめた方がいいと思っています。

　特に学級担任制の小学校においては、絶対評価では各クラスに違いが出るようになっている仕組みになっているからです。

「問題」その 4　教師の時間と子どもの意欲を奪っている

　各教科の評価、生活の評価、英語の評価、道徳の評価、総合の所見、全体の所見……

　それらを、クラス全員分。

膨大な量の成績データや所見を作成することになります。

　しかも作って終わりではなく、学年のチェック、教務のチェック、管理職のチェックなど複数のチェックを通過する必要があります。

　チェックをすれば、訂正の作業が入ります。

　このチェックと訂正を一度だけでなく数回繰り返す場合も多いです。

　そして、先述したように未だに相対評価に引っ張られている方も少なくないため、不当なチェックや訂正を強いられることもあります。

　そのたびに、説明したり、議論したり、根拠を提示せねばなりません。

　全てにかかる時間や日数を計算すると、気の遠くなるような数字が出てくることでしょう。

　学期末、学年末は物事に区切りをつけたり、まとめを行ったりする大切な時期でもあります。

　その時期に、膨大な時間を使って作成し、しかも子どもたちの意欲につながるどころかそれを低下させることにすらなっている現行の通知表。

　表現はきついですが、「教師の時間を奪っている」と書いて何ら差し支えないと思っています。

　さぁ、通知表の問題点は明確に分かりました。

　後は、「方法」と「意欲」です。

　具体的な方法を知り、どの学校でも教師と子ども双方にとって意味のある通知表や評価の形を共に作っていきましょう。

19 所見は面談でよい

通知表業務の中でもとりわけ膨大な時間を使うのが「所見」です。

全体の所見、道徳の所見、総合の所見など、勤務校では一人当たり約400文字の所見を書く仕組みになっています。これをクラス40人分考えるとなると、およそ24000字です。書き方や内容などにも非常に気を使いますし、チェックもことさら厳しく入ります。この所見がなくなるだけで、先生方の負担は相当緩和されることは間違いないでしょう。

以前から一貫して、私は次の意見を伝えてきました。

〈教師のネゴシエート術〉

「所見はなしがいいと思います。『保護者の方に伝えて学習改善に生かす』という目的に達すればいいわけなので、10月に行われる個人懇談で『口頭』で保護者の形に伝える形をとれば、少なくとも前期の所見は書かなくてよいでしょう。先生方の時間が生まれるだけでなく、保護者の方にも文章だけでは伝えられなかったことが豊かに伝えられるようになりますし、改善のための具体的な手段も伝えられます。前期と後期、双方なくすのが難しいのであれば、試験的に前期だけでも個人懇談に代替する形に変更してみて、その効果のほどを確かめてみませんか？」

通知表には、「保護者に伝える」という意味合いがあります。そしてその目的はやっぱり「学習改善」なのです。保護者の方に、通知表を適切に活用してもらい、子どもたちを励ましてもらったり導いてもらったりする中で「学習改善」を図っていくことが目的です。

限られた文字数や表現の中で書かれた文章よりも、膝を突き合わせて、子どもたちの応援団として学習や生活の振り返りをすることが豊かにできる「懇談所見」の方がずっと子どもたちにとって生産的な仕組みになると思っています。

20 結果評価から過程評価へ

　前節で書いた問題点は、現行の通知表は、「過程」が見えないことでした（なお、ここで言う「過程」とは、単元テスト等における自分の成績の変遷のことを指します）。ならば、その過程が見えるようにすればいいのです。

	整数と小数	2つの量の変わり方	小数のかけ算	小数のわり算	体積	図形の角の大きさ	合同な図形
知識・技能	95	70	60	80	100		
思考判断表現	45	20	50	40	50		

　例えば、次のようにします。（5年生算数の例）

　個人に成績をつけるための用紙かファイルなどを配り、自分で表に単元テストの成績を記入していきます。自分で、学習の過程の変遷が分かるように記録をつけていくのです。

　多くの学校では、主要教科は単元テストを主に使って成績をつけているはずです。その数値を教師が全員分打ち込んで平均値を出し、100日500時間の総括という形でドン！と1回の評価（A・B・Cなど）を渡すところに問題があります。上のように自分で単元テストの成績の変遷を「見える化」すれば、子どもたちの中に様々な気づきが生まれます。

　「この単元のこの部分が自分は苦手なんだなぁ」

　「でも図形とかの領域は結構とれてる。これ、得意なのかもしれない」

　気づきが生まれれば、「よし」と奮起して動き出す子もいるでしょう。さらに、この形で記録をつけていくと、以前の自分と今の自分の「比較」ができます。人との比較で一喜一憂するのではなく、本来の意味での絶対評価のよさを享受できる形へと評価が変わっていきます。

　半期に一度の平均値による「ABC」だけではなく、単元ごとの習得具合を見える化し、他人ではなく以前の自分と比べる。この評価の形は、多くの子を励まし、そして意欲の増加につながっていくはずです。

写真・映像・音声評価

　テストのある教科は過程評価を活用すればいいとして、音楽や図工などのいわゆる芸術系の教科はどうすればいいでしょうか。

　テストなどで数値による基準が作れる教科と違い、こうした芸術系の基準が曖昧であることは多くの教師の共通認識だと思います。

　絵や工作の ABC。歌声や演奏の ABC。何をもって A として、何をもって C をつけるか、これは極めて曖昧です。もちろん数値による明確な基準を作っている方もおられるでしょうが、そもそも芸術系の教科は基準が作りにくい側面があります。

　では一体どうすればよいか。

　GIGA スクール構想が前倒しされ、ほとんどの学校で一人１台端末が2020年度内に整備されました。一人１台どころか、一人１アカウントによってクラウド上に自分の学習記録が残っていく時代が、もうすぐそこまで来ています。これを芸術系の評価に活用すればいいと思っています。

　リコーダーの演奏なら、その都度タブレットに録音します。

　水彩画なら、その都度カメラで撮影します。

　そして、そのデータを自分のアカウントに保存しておきます。データは各フォルダにまとめておき、年度末にそれらの作品群や演奏群を見たり聞いたりして、個人で振り返りを行います。先述した主要教科の過程評価と同じく、このタブレット＆クラウドを活用した形にすれば、「過程」がはっきり見えるようになります。

　自分の成長の足跡が見えるだけでなく、以前学んだ技法や演奏法の振り返りも合わせて行うことができ、相当なプラス効果が生まれるでしょう。

　ABC を個人に渡す必要はありません。作品群や演奏群のデータを全て渡してあげればよいのです。繰り返しますが、評価や通知表は「学習改善」が目的だからです。この目的が達成されればよいのです。

22 そもそも通知表は出さなくてよい

　勤務校では、５月頃からこの通知表に関する検討の場が持たれるようになりました。懸案事項は「前期の通知表をどうするか」です。各部の部長や主任が集まって行う代表者会議の場で、私は次のように言いました。

　「通知表はなしにしましょう。緊急時の今、最も優先してやらねばならないのは、日常授業の安定・充実です。相当な時短と圧縮が求められる中で一層の奮起が必要なのに、その中で材料の乏しい通知表を膨大な時間をかけて作ることに意味があるとは思えません。通知表はなしにしましょう」

　最終的に、子どもたちが自分自身で前期の学びを振り返り（知識・技能・思考等ではなく、関心・意欲・態度に関するセルフチェック）、そこに教師が一言書き添えて渡す形となりました。通知表が「絶対出さねばならないものではない」ことを、このコロナのあおりを受けて理解した方も多かったのではないかと思います。「足並みバイアス」で自分たちの動きを縛るのではなく、真の意味で子どもたちの学習改善につながっていく評価の在り方を、これからも探っていきたいと思います。

第5章

「足並みバイアス」を
乗り越えて、
伸びる、変わる、
子どもたちと教師

1 ノマドスタディで輝く 子どもたち

　秋も深まってきた2学期の終わり頃。

　ある日の朝、私はワクワクした表情で子どもたちに言いました。

　「ついにこの日がやってきました。今日は、今から昼まで、自分たちで学習を組み立てて取り組みます。組み立てるのは、勉強の順番や時間配分、取り組む場所です」

　そう言って、私は4時間分の学習内容を黒板に書いていきました。国語ではこれ。算数ではこれ。理科や社会はこれ。いずれもここまでに「学習の仕方」を教え、自分一人でも進められるように教えてきた内容ばかりです。いわば、4時間分の学習の到達点を朝一番に示したわけです。

　学習に使える場所は五つ示し、これも黒板に書いていきました。

・スタンダードな教室の座席。
・窓際の棚を使って行うスタンディングシート。（写真1）
・教室内に設置した和室。（写真2）
・ブックランド（図書室）の机スペース。（写真3）
・コンピューター教室。

写真1　　　　　　　写真2　　　　　　　写真3

　子どもたちは、この時点で目を輝かせていました。

　取り組む順番も、取り組む場所も、時間配分も自由。

　これだけのことなのですが、子どもたちはまるで天から与えられたかけがえのないギフトのようにこの知らせを喜びました。

　さらに、使ってよい道具も伝えました。基本的に、ブックランドではそ

こにおいてある図書資料。同じくコンピューター教室ではそこにおいてあるパソコン。教室では、いつも使っている、タブレット、電子辞書、百科事典や教科事典などの各種事典。さらに、教科書・資料集など定番の教材はどこでも使用可としました。

　私は淡々と説明しているのですが、子どもたちはさらに沸き立ちました。

　併せて、留意点も伝えました。

　コンピューター教室を使えるのは2時間目と3時間目のみ（校内で確認して使える時間を確保しておきました）。複数で集まって話し合いたい時は教室を使うこと。トイレ・水飲みについても基本的に学校の休憩時間に揃えること。全ての学習が終われば、読書または会社活動（任意の係活動）をしていて構わないこと。私は各教室を回るので、質問があればその時に伝えること、などなど。

　留意点のほとんどは、そこに至るまでの半年間の学習の中でも再三確認し、子どもたちの中に習慣やルールとして根付いたものだったので、あくまで確認という意味合いで伝えました。これで、準備は完了です。

　かくして子どもたちは、それぞれの選んだ学習場所に散っていきました。そして昼までの間、私からの指示を一切受けることなく、自分たちで学習を組み立て、取り組みました。各教室の中で、自分で計画を立てて学習する子どもたちからは、高い意欲や集中力だけでなく、自分一人で進めてみせるという気概すら感じられました。

　4時間目終了のチャイム数分前。

　それぞれの教室に散らばっていた子どもたちが教室に戻ってきました。

「すっごい楽しかった〜！」

「絶対またやりたい！」

と大好評です。課題の達成状況も、提出物の完成度も、教室で私が教えたのと同等か、むしろそれ以上の仕上がりになった子たちも大勢いました。

　子どもたちは、基本的に全員が独立独歩のできる学習者へとなっていきました。ノマドスタディ中、基本的に子どもたちは自分一人で学習に向かっています。難しい場合はもちろん仲間に相談したり、教師に質問して

よいこととなっていますが、ほとんどそうした場面は見られませんでした。

　それは、助け合う風土がないからではありません。ひとたび大縄をすれば、ひとたび係活動を行えば、ひとたび討論を行えば子どもたちは一年前とは比べ物にならないほどのチームワークを発揮していたからです。また、人助けや陰徳の精神は学級内にとどまりませんでした。学級を飛び越え、地域を飛び越え、北海道を飛び越え、大きな広がりを持って多くの人に感動や喜びを届けるまでになったのです。

　その子たちが、ノマドスタディ中はシーンとなって、一人で取り組み、４時間ぶっ通しで勉強して「楽しかった～」と清々しい顔で返ってくるのです。

　とことん自分の力でまずやってみたい、難しい問題でもひとまず一所懸命取り組んでみよう、本当に困ったら誰かが助けてくれるから大丈夫、そんな心根を子どもたちのたくましい背中から感じることができました。

　上に書いた通り、学校にいる以上、一定の制約やきまりごとはあるわけですが、その一部を柔軟に運用し、「選択できるようにした」だけでこれほどの反響と効果が生まれたわけです。

　なお、こうした自主学習力を生かした実践においては、２章でも述べた通り「学び方」や「学びの基準」を個々人が一定レベル以上で体得しておく必要があります。「助け合う風土」だけではこの学習は成立しないことはぜひご理解いただければと思います。

2 思考の縛りを解いた その先には

　任せて委ねたその先に待っていたもの。それは、子どもたちの充実感や喜びだけではありませんでした。

　ある日のことです。学校に地域の方から連絡が入りました。一体なんだと思って聞いていると、子どもたちが公園に落ちていたゴミを拾っていたと言うのです。しかも、そのゴミは相当な量だったと聞きました。子どもたちは、相談してわざわざゴミ袋を持参して改めて公園に集合。それからみんなで一斉にゴミ拾いを始めたと言うのです。「ゴミを拾っている姿に感心して地域の方から連絡が入る」のは初めてのことでした。

　こうした子どもたちの自ら進んで、協働して人助けをする姿は、1年中あらゆるところで見られました。

　下級生の子がバケツの牛乳をこぼしてしまった時。低学年の子がトイレで失敗してしまった時。まるで当たり前のことかのようにぞうきんを持って集まり、その場を綺麗にして、下級生たちに「大丈夫だよ」と優しく声をかけてフォローしていたという話を、私はいつも後で知りました。子どもたちが、私に報告に来ないからです。全て、他のクラスの先生方からの感謝の言葉で私はそれを知りました。子どもたちは私に褒められようとかそんな薄っぺらい理由のためには動かない子どもに成長していました。

　季節は巡り、冬の初めの頃、みぞれ混じりの雪が舞っている日のことです。校門前には雪が数センチ積もっていました。

　「誰か雪かきしてるぞ」

　昼休み、2階の印刷室で学級通信を刷っていた私のもとにそんな声が聞こえてきました。窓から下をのぞくと、確かに数人の子たちがせっせと雪かきをしています。顔は雪ではっきりと見えません。でも、動きと服装で誰なのかはすぐに分かりました。クラスの子たちでした。誰かが滑って転んでは危ないと思ったその子たちは、誰とも分からぬ誰かのために、休み

時間を使って雪をかいていたのでした。しかも、その動きは快活で楽しそうですらありました。私が見ていることには一切気づいていない様子です。でも、それでいいのだと思い、私はその場を去りました。

　この子たちは5年生の頃、学級でたくさんの問題が起きたクラスでした。先生方だけが話している内容ではなく、子どもたち自身もそのことを後に回想録として綴っています。卒業文集でも多くの子たちが、1年前の自分たちの姿を振り返り、その頃の暴力、暴言、友だちへの嫌がらせや不満や文句だらけの生活について書きました。その中で、ある子が次のことを綴りました。

　「こんなに変われたのは、『自分たちで変わろう』と思えたからだ」

　私は、常日頃から言い続けました。

　「どれだけ良い授業をしても、どれだけ良い話をしても、最終的に行動に移すのは君たちだ。その行動を最終的に選択するのは、自分なのだから。人は、誰かによって何かによって変わるのではない。『あの人のお陰で〜』と思っている出来事はあってもよいし、感謝の気持ちも忘れないでいるのもいいが、その人によって君が変わったわけではないのである。

　人が変わる瞬間、それは、自らが『変わろう』と決断し、行動を起こした瞬間なのである。その新たな一歩こそが、自分を変えたのだ」

　上の姿は、ほんの一部分です。生活におけるこうした徳を積む行動だけでなく、授業においてもそれは明らかな変化が生まれました。

　昨年度担任したクラスには、一年中多くの参観者がありました。業種も職種も様々な方が、道外からも多数お見えになりました。中には、教職を志す高校生（静岡からバイト代をはたいてやってきました）がいれば、関西方面から学級へ二度三度と足を運ばれる"リピーター"も現れ始めました。その時の学級通信から一部を抜粋します。

　この3日間で、およそ100名の方が授業を参観に来られた。
　小学校の先生だけではない。高校の先生もいたし、教育委員会の方もいた。ラジオのDJの方もいた。北海道新聞の記者の方もいた。北

海道以外から来られた方もたくさんいた。

　どの方も、みんなのことを絶賛していた。いわゆる「べた褒め」である。

　（中略）ラグビーワールドカップの授業をした時は、参観されていた方々の多くが涙されていた。日本代表の姿にもそうだが、みんなが自分の力を全開にして学びに取り組んだ姿に感動されたそうだ。

　みんなの真剣に全力で学ぶ姿は、日本代表にも決して劣らないとまで言って下さった。

参観に来られた方々からは、たくさんの手紙が学級に届きました。その手紙も、感激と感動に溢れていました。一節を紹介します。

　6年3組のみなさん、先日はありがとうございました。

　私は、半年以上前からみなさんに会えるのを楽しみにしていました。私たちの周りで「北海道にすごい子供たちがいる！」と噂になっているからです。「どんな子たちなのかな？」「こんな子たちなのかな？」とありとあらゆることを想像して、訪問しました。

　訪問を終えて一言。

「全てが想像、いや、期待以上でした。」

　みなさんの笑顔、真剣な表情、立ち振る舞い、心遣い全てに感激しました。

　その中でも最も印象に残っているのは、みなさんの「心の強さ」です。

　昨日まで知りもしなかった人たちを、ここまで喜ばせ、驚かせる心を持っている人に出会ったことがありません。私には生後半年の娘がいますが、みなさんのような子たちに育ってほしいと心から感じます。

　それぐらいみなさんからたくさんのことを学びました。

「信じて、任せる」という授業を行う道中で、子どもたちは思いやりや利他の心、そして自ら変わっていけるという自信をも深めていくことがで

きたのだと思います。そして、誰かに言われて動くのではなく、自ら立ち、自らの行動を選択していける自治的集団へと進化していったのだと感じています。

そして、それは我々教師も同じです。

「これができない」「あれができない」「変更は不可能」……。

そのようにして自らの思考を縛ってしまうようになったのは、今までの長きにわたる教育の、あるいは仕事における関わりの産物だと思うのです。

縛りを解くには、「信じて、任せる」ことが必要です。

想像してみてください。あなたが職場で、

「○○さんのことを信じているよ。～～について任せるので、ぜひあなたの思うように思い切りやってみてほしい」

と言われたとしたら、どのような心持ちになるでしょうか。もちろん不安に思う部分もあるかもしれませんが、きっと奮い立ち、一所懸命やってみます！と意欲が湧いてくることを実感するのではないでしょうか。

それを実現するためにも、「学校」という場所に自ら選択する「喜び」と「責任」を与えるべきだと私は考えています。それは、子どもたちにとって然り、教師にとって然りです。

このノマドスタディの実践も、そうした自ら選択する喜びと責任を学校教育の中になんとか生み出したいと願い続けてきた先に生まれた、ささやかな一つの取り組みです。これだけが絶対の方法ではなく、私自身もまだまだこの考えを深め、挑戦し、失敗し、磨いていくことでしょう。

学校が、教師が、そして子どもたちができることはまだまだたくさんあります。「足並みバイアス」から引き起こされる「～ねばならない」という思考の縛りを一つずつ解き、教師と子どもが自らの選択によって進んでいける未来こそが、今後の日本の学校教育に必要であると信じています。

おわりに

クラスの子どもたちに、私は毎年次の話をしています。

　お祭りの時期にやってくるサーカスを、毎年楽しみにしていたとある男の子。特に、巨大な身体を揺らしながら曲芸をこなしたり、愛嬌のある表情で長い鼻を伸ばす象の演技が一番のお気に入りだった。

　しかしその年、その男の子はテントの裏でちっぽけな杭につながれた象の姿を見て「その巨体ならどうにでもなるはずなのに」と、なぜか逃げ出さないことが不思議でたまらなかった。父さんや母さん、お隣のおじさんや周りの大人たちに聞いてみても、そのわけを答えられなかった。

　そんなある日、たまたま男の子のいる町にやってきた賢人に出逢った。男の子は他の大人に投げかけていたのと同じように象の質問をしてみた。そうすると、その賢人は男の子の顔をのぞきながら、こう答えた。

「サーカスの象が逃げないのは、生まれたばかりの時から杭につながれているからだよ」

　その話を聞いた男の子は、生まれたばかりで弱弱しい象が杭につながれているところを想像してみた。生まれたばかりの小象は、自分の身体から生えている4本の脚が何のためにあるのか知るために、走り出そうとしてみる。しかし杭につながれた鎖が邪魔をして、その場から動くことはできない。薄暗い部屋からわずかにのぞく外の世界を見てみようと顔を伸ばしてみても、やはり脚の鎖がやっかいだ。そうして、押したり、引いたり、懸命になって逃げようとしたに違いない。しかし、どんなにがんばっても、その鎖から逃げることはできなかっ

た。小象にとって、その杭はあまりに大きすぎた。疲れ切っては眠りにつき、また次の日も同じことを繰り返す。そんなことを繰り返しているうち、遂にある日、象は逃げることをやめた。脚についた鎖と杭は、こういうものだと理解した。

　そう。これこそが、象が逃げない理由だった。このサーカスに登場する象は、いまやどれだけ身体が大きくなったとしても、杭がちっぽけであったとしても、「できない」と思い込んでいるから逃げないのだ。

　有名な、「サーカスの象」という説話です。子どもたち自身の中にある、「できない」「不可能」という思い込みの鎖を一つでも外したいと願い、毎年教室で話しています。
　ちなみにこのお話は、対象を子どもだけに限定するものではありません。
　むしろ、長い年月を経て立派な年代に成長した大人をターゲットにしたお話であるといえるでしょう。ここまで書き進めてきた通り、学校現場には「こうしなければならない」という思考の鎖が多数存在します。それはきっと、教師になってから、大人になってから生まれたものだけではないはずです。
　教師も、保護者も、昔はみんな子どもでした。同じように「学校」という学び舎に通い、同じように日本の教育の在り方の中で共に学んできたことでしょう。その中で、「学校とはこういうものだ」「学校ではこうしなくちゃいけない」という一定の思考が、全員に醸成されていることと思います。さらに付け加えるなら、教師という職に就く人は、その現場に何らかの肯定的な感情や、プラスの感覚があった方が多いはずです。その仕事を選び、その仕事に就いたわけですから。
　何なら、教師のほとんどは従来の学校システムの中で「成功体験」を一定数積んでいる方々であるともいえるでしょう。そうした方々が集まって意思決定がなされる場合、"偏り"が生まれることは十分起こりえます。これを「生存バイアス」といいます。ある事象についてうまくいった人

（生存者）の意見が偏って取り上げられてしまう現象のことを指す言葉です。

　つまり、教職に就く前から一定の思考の縛りは存在しており、それが集まることによってより強い縛りになっている状態が起きているということです。

　かくいう私も、そうした縛りの中でずっと生きてきました。

　一人でできることなどたかが知れている、もうやめておこうと、心が折れそうになったことは一度や二度ではありません。

　それでも、この現状を何とかしたいと思いながら、もがくようにして行動を起こし続けた結果、数えきれないくらいの幸運がどんどんと押し寄せてきたのです。

　中でも一番の幸運は、「人との出会い」でした。杭を楽々と引っこ抜いている象のような方々が、教育現場を支えるべく力強く歩み始めていたことを知ったのです。

　今から3年前。

　自分のブログに学級通信のデータをアップし続けていた私の所に、一通の連絡が入りました。それが、「フォレスタネット」を立ち上げた飯坂正樹氏との出会いでした。

　「新たに立ち上げる教師向けの情報ポータルサイトに先生の学級通信を使わせてほしい」

　そのように言っていただき、すぐさまお会いすることになりました。ある教育コンクールの授賞式で東京に呼ばれていたこともあり、その式の直前に都内の喫茶店で飯坂氏と初めて出会ったのです。

　「未来ある子どもたちのために教育という仕事を通じて貢献したい」「既存のものとは全く違う教育の情報サービスを作りたい」──そのように熱を込めて話される氏の考えを聞くたびに、私はワクワクしました。あの時の熱や火は、今どんどん強く大きく広がってきています。

　フォレスタネット（p.104）のコンテンツ数や登録者数の推移を見ても

それは明らかですが、私の周りに起きた出会いの数も3年前とは桁違いなのです。間違いなく、状況は一変しました。

全国各地に仲間ができ、ラジオやテレビに出演したり、新聞の原稿を書くようになったり、講演会を年に10回以上も行うようになったり、海外に行って授業を行ったり教材を作るようになったり、新たな資格を取ってそちらからも仕事が依頼されるようになったり……。

これらは全て、東京で飯坂氏と出会い、フォレスタネットを通じた縁が起点となって広がり、つながっていったものでした。

3年前の自分が今の状況を知ったら腰を抜かすほど驚くと思います。そして、本書を書くにあたり、私はまたもや素敵な出会いという名のギフトをいただきました。フォレスタネットの島貫良多氏との出会いです。本書を書くにあたり、島貫氏には並々ならぬご協力をいただきました。

最高の伴走者として常に私の走りをサポートして下さり、新たな風を常に吹き込んで下さった氏に、心からの感謝を伝えたいと思います。

さらに、編集担当の川田龍哉氏をはじめ、本シリーズを刊行するにあたり陰日向となってご尽力して下さった皆様との出会いも、私にとってはまさに神様からの贈り物のように感じるものでした。本書を通じてであった全ての出会いに、最大限の感謝をささげたいと思います。

今、私の周りには困ったことがあればすぐに手を差し伸べてくれる心強い仲間が全国各地にたくさんいます。

それは、教育関係で出会った方々に限りません。

多くの方が、様々な立場で、未来ある子どもたちのために教育を何とかしようと尽力されていることを私はこの3年間で知りました。

そして、生き生きとその教育を変えていこうと動いている方々と行動を共にするたび、私は自分の心にあった鎖が少しずつ消えていく感覚を覚えたのです。

心の鎖を引っこ抜く上で最も簡単かつ手っ取り早い方法は、「すでに鎖を抜いた方々と仲間になる」ことだと今なら胸を張っていえます。

だからこそ、本書を手に取った方とつながれることを心の底から楽しみにしています。私の周りにいる、素晴らしい方々を早くみなさんに紹介したくてたまらないのです。

　一人では抜けない鎖も、力を集めれば抜くことは難しくありません。

　学校現場にある鎖をみなさんと共にズボッと引っこ抜き、生き生きと歩んでいける学校へ変わっていく未来を、共に創っていきましょう。

〈著者紹介〉

渡辺　道治（わたなべ・みちはる）

2006年	北海道教育大学卒。同年より奈良県天理小学校にて勤務。
2013年	JICA 教師海外研修にてカンボジアを訪問。
2016年	グローバル教育コンクール特別賞受賞。
2017年	北海道札幌市公立小学校にて勤務。国際理解教育論文にて東京海上日動より表彰。
2019年	ユネスコ中国政府招へいプログラムにて訪中。JICA の要請・支援を受け SDGs 教材開発事業としてラオス・ベトナムを訪問。初等教育算数能力向上プロジェクト（PAAME）にてセネガルの教育支援に携わる。各地の学校にて SDGs の出前授業を展開。

　年間1000枚超の学級通信を発行。月に数回の講演活動に取り組む傍ら、全国の各施設においてバイオリンの演奏活動にも取り組む。海外へのネットワークも太く、年に数回は国外において授業実践や教材開発を続けている。持ち味は「多動力＆他動力」。自他の強みを生かして様々な形で周りを巻き込みながら教育現場に新たな風を送り続ける。

　現在、北海道新聞クイズ記事や教育雑誌記事を執筆中。2020年からは教育オンラインサロンを立ち上げ、毎月 4 ～ 5 回のセミナーを開催。2021年 1 月には告知からわずか 2 日で500名が集まるセミナーをサロンの仲間とともに開催する。SHIEN 学アドバイザー。四児の父。

学習指導の「足並みバイアス」を乗り越える

2021年 5 月 1 日　初版第 1 刷発行

著　者　渡辺道治

発行人　花岡萬之

発行所　**学事出版株式会社**
　　　　〒101-0021　東京都千代田区外神田2-2-3
　　　　電話　03-3255-5471
　　　　HP アドレス　http://www.gakuji.co.jp

編集協力　川田龍哉
装　　幀　精文堂印刷制作室　三浦正已
印刷・製本　精文堂印刷株式会社

乱丁・落丁本はお取り替えします。　　　2021 Printed in Japan
ISBN978-4-7619-2713-4　C3037

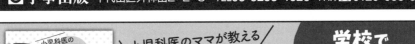